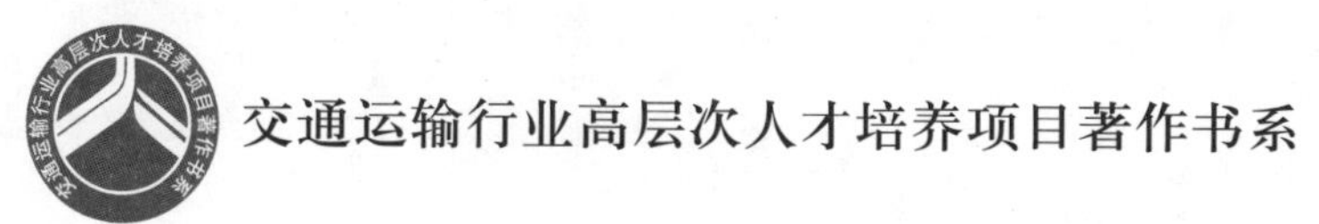

交通运输行业高层次人才培养项目著作书系

侯　芸　董元帅　肖利明　蔡燕霞　编著

公路路面同步薄层罩面技术研究与应用

Gonglu Lumian Tongbu Baoceng Zhaomian Jishu Yanjiu yu Yingyong

人民交通出版社股份有限公司
China Communications Press Co.,Ltd.

内 容 提 要

公路路面的预防性养护越来越受到重视，本书内容涵盖了预防性养护决策、同步薄层罩面混合料技术要求、配合比设计、乳化沥青性能研究、同步薄层罩面施工与质量控制方法、服务性能评价等各方面。本书在理论研究的基础上，又增加了相应实例的介绍，更加系统地介绍了同步薄层罩面的各道工序和适用范围。本书结合课题研究和工程实际，提炼和概括课题研究报告、论文和工程施工总结，经作者拓展后形成，每个章节均全面、系统、深入地阐述了该领域中的热点问题。

本书可供从事预防性养护设计、施工、管理及相关研究人员参考，也可供高等院校相关专业的研究生和高年级本科生参考使用。

图书在版编目(CIP)数据

公路路面同步薄层罩面技术研究与应用 / 侯芸等编著. — 北京：人民交通出版社股份有限公司，2019.10

ISBN 978-7-114-15628-1

Ⅰ. ①公… Ⅱ. ①侯… Ⅲ. ①沥青面层 Ⅳ. ①U416.217

中国版本图书馆 CIP 数据核字(2019)第 118523 号

交通运输行业高层次人才培养项目著作书系

书　　名：公路路面同步薄层罩面技术研究与应用
著 作 者：侯　芸　董元帅　肖利明　蔡燕霞
责任编辑：潘艳霞　尤　伟
责任校对：孙国靖　扈　婕
责任印制：张　凯
出版发行：人民交通出版社股份有限公司
地　　址：(100011)北京市朝阳区安定门外外馆斜街 3 号
网　　址：http://www.ccpress.com.cn
销售电话：(010)59757973
总 经 销：人民交通出版社股份有限公司发行部
经　　销：各地新华书店
印　　刷：北京市密东印刷有限公司
开　　本：787×1092　1/16
印　　张：9.5
字　　数：205 千
版　　次：2019 年 10 月　第 1 版
印　　次：2019 年 10 月　第 1 次印刷
书　　号：ISBN 978-7-114-15628-1
定　　价：60.00 元
(有印刷、装订质量问题的图书由本公司负责调换)

作者简介

Author Introduction

侯芸，博士，教授级高工，中咨养护检测党支部书记、董事长、总经理，公路建设与养护技术、材料及装备交通运输行业研发中心主任，中国交建公路路面养护技术研发中心主任，中咨集团技术委员会委员，《内蒙古公路与运输》编辑委员会委员、中国交通建设监理协会常务理事、中国交通建设监理协会试验检测副主任委员。2014 年被长安大学、北京建筑大学特聘为研究生导师，获得交通运输部"2015—2016 年度交通运输青年科技英才"，2016 年度"全国公路优秀科技工作者"，2018 年度交通运输行业重点科研平台十大创新人物，2018 年度中国交建创新英才等称号。

主要从事公路结构与材料研发、公路工程养护设计与咨询评估，特别致力于公路交通应急处置技术及材料、公路沥青路面同步快速养护成套技术研究，深入研究同步快速处治成套技术相关的材料、工艺及设备并取得丰硕成果。

在科研成果方面，获得省部级科技进步奖 6 项，其主持的"高等级公路沥青路面磨耗层同步快速处治技术研究"项目获得 2012 年度中国公路学会科学技术一等奖、"重交通条件下的高比例 RAP 沥青路面关键技术研究与应用"项目获得 2015 年度北京市科技进步一等奖；获得工法2部，其中《雷诺锋沥青路面预防性养护施工工法》被评为国家二级工法；参与行业标准《公路沥青路面养护技术规范》(JTG 5142—2019)《公路技术状况评定标准》(JTG 5210—2018)《公路养护技术规范》(JTG H10—2009)等3部规范的修订工作；先后在核心期刊上发表论文和报告50余篇，取得了国内发明专利3项，实用新型专利10余项。

书系前言

Preface of Series

进入21世纪以来,党中央、国务院高度重视人才工作,提出人才资源是第一资源的战略思想,先后两次召开全国人才工作会议,围绕人才强国战略实施做出一系列重大决策部署。党的十八大着眼于全面建成小康社会的奋斗目标,提出要进一步深入实践人才强国战略,加快推动我国由人才大国迈向人才强国,将人才工作作为"全面提高党的建设科学化水平"八项任务之一。十八届三中全会强调指出,全面深化改革,需要有力的组织保证和人才支撑。要建立集聚人才体制机制,择天下英才而用之。这些都充分体现了党中央、国务院对人才工作的高度重视,为人才成长发展进一步营造出良好的政策和舆论环境,极大激发了人才干事创业的积极性。

国以才立,业以才兴。面对风云变幻的国际形势,综合国力竞争日趋激烈,我国在全面建成社会主义小康社会的历史进程中机遇和挑战并存,人才作为第一资源的特征和作用日益凸显。只有深入实施人才强国战略,确立国家人才竞争优势,充分发挥人才对国民经济和社会发展的重要支撑作用,才能在国际形势、国内条件深刻变化中赢得主动、赢得优势、赢得未来。

近年来,交通运输行业深入贯彻落实人才强交战略,围绕建设综合交通、智慧交通、绿色交通、平安交通的战略部署和中心任务,加大人才发展体制机制改革与政策创新力度,行业人才工作不断取得新进展,逐步形成了一支专业结构日趋合理、整体素质基本适应的人才队伍,为交通运输事业全面、协调、可持续发展提供了有力的人才保障与智力支持。

"交通青年科技英才"是交通运输行业优秀青年科技人才的代表群体,培养选拔"交通青年科技英才"是交通运输行业实施人才强交战略的"品牌工程"之一,1999年至今已培养选拔282人。他们活跃在科研、生产、教学一线,奋发有为、锐意进取,取得了突出业绩,创造了显著效益,形成了一系列较高水平的科研成果。为加大行业高层次人才培养力度,"十二五"期间,交通运输部设立人才培养专项经费,重点资助包含"交通青年科技英才"在内的高层次人才。

人民交通出版社以服务交通运输行业改革创新、促进交通科技成果推广应用、支持交通行业高端人才发展为目的，配合人才强交战略设立“交通运输行业高层次人才培养项目著作书系”（以下简称“著作书系”）。该书系面向包括“交通青年科技英才”在内的交通运输行业高层次人才，旨在为行业人才培养搭建一个学术交流、成果展示和技术积累的平台，是推动加强交通运输人才队伍建设的重要载体，在推动科技创新、技术交流、加强高层次人才培养力度等方面均将起到积极作用。凡在“交通青年科技英才培养项目”和“交通运输部新世纪十百千人才培养项目”申请中获得资助的出版项目，均可列入“著作书系”。对于虽然未列入培养项目，但同样能代表行业水平的著作，经申请、评审后，也可酌情纳入“著作书系”。

高层次人才是创新驱动的核心要素，创新驱动是推动科学发展的不懈动力。希望“著作书系”能够充分发挥服务行业、服务社会、服务国家的积极作用，助力科技创新步伐，促进行业高层次人才特别是中青年人才健康快速成长，为建设综合交通、智慧交通、绿色交通、平安交通做出不懈努力和突出贡献。

交通运输行业高层次人才培养项目
著作书系编审委员会
2014年3月

前　言

Preface

改革开放40年来,我国公路建设取得举世瞩目的巨大成就,实现了从“跟跑”到“领跑”的巨大飞越。公路总里程、高速公路里程均稳居世界第一,干线公路网日趋完善。随着大量公路陆续进入养护期,公路养护的高峰时代已经到来。科学、合理的养护是保证路网通达、快捷,延长公路资产使用寿命的重要保障。预防养护作为一种主动养护方式,理念已深入人心。随着行业对快速养护、安全保畅的要求愈来愈高,同步薄层罩面技术应运而生。

笔者自2003年起着手从事同步薄层罩面的研究,打破了国外技术垄断,首次提出了沥青混合料隔离膜理论并成功应用于预估沥青混合料性能,创建了基于体积指标平衡理论的最小沥青用量确定方法,构建了基于马歇尔成型的混合料配合比优化设计指标体系,为技术的推广应用奠定了坚实的理论基础。该技术先后在黑龙江、山西、河南、四川、广东、河北、山东、天津、陕西、湖北、安徽、辽宁等20多个省市开展试验和应用。研究期间,笔者积累了大量关于同步薄层罩面技术的理论分析、工程数据及应用心得,从技术适用性、混合料设计到施工工艺、质量控制及后期监测,均在全国不同省区市、不同气候条件下得到了实践及验证。本着对技术的解释和更详细的说明,完成了此书的写作,以便同行交流使用。

本书集成了交通运输部西部项目《高等级公路沥青路面磨耗层同步快速处治技术研究》(编号:2006 318 000 82)成果,从同步薄层罩面的设计选择、配合比设计、施工及施工效果等方面全面阐述了同步薄层罩面的适用范围和使用性能,以供同行参考。本书共分为7章,包括绪论、预防性养护、同步薄层罩面混合料技术研究、层间黏结材料及性能研究、施工与质量控制方法、工程实例、服务性能评价等诸多方面。第1章绪论,主要对行业背景、预防性养护分类、发展趋势及同步薄层罩面技术的国内外应用现状进行论述;第2章适用性,提出路面预防性养护决策流程,对比国内外不同地区沥青路面养护标准,建立同步薄层罩面技术适用标准;第3章同步薄层罩面混合料技术研究,主要对同步薄层罩面原材料、混合料配合比设计及混合料室内试验对比内容进行研究;第4章同步薄层罩面层间黏结材料及性能研究，主要对改性乳化沥青、改性乳化沥青制备工艺、改性乳化沥青配方优化设计及层间粘结性能进行研究；第5章为施工与质量控制方法，主要对施工工艺、施工质量控制及竣工验收标准进行研究；第6章同步薄层罩面工程实例，研究该技术在不同场景下的适用效果；第7章同步薄层服务性能评价，选择典型工程，验证其长期服务性能。

本书写作和研究过程中得到了众多专家学者、同行的大力支持，许多内容属于科研共同取得的成果。在此，特别感谢实体工程施工过程中各位同行提出的宝贵意见，感谢北京建筑大学季节教授等国内同行提供的无私帮助，感谢张艳红博士在理论分析、试验研究及专著统稿中付出的辛勤劳动，感谢黑龙江省高速公路管理局、吉林省高速公路管理局对我们的大力支持。

由于笔者的水平及实践经验有限，书中难免有疏漏和错误之处，望广大读者不吝赐教。

作　者

2019年5月

目　录

Contents

第1章　绪　　论

1.1　预防性养护的背景及意义

改革开放以来,我国公路事业持续、快速发展,取得了举世瞩目的成绩。2017年底,我国公路通车总里程已超过470万km(含高速公路13万km),均居世界首位。我国公路建设保持快速稳定的增长势头,以高速公路为骨架的干线公路网络基本形成,国省干线公路等级逐步提升,农村公路行车条件不断改善,四通八达的公路网为我国经济社会的快速发展提供了强有力的保障。

随着公路的快速发展、修建里程的不断增加、路网的不断完善,公路特别是高速公路的养护工作将受到更大的重视,目前基本形成了“建养并重,养护向精深化、精细化发展”的行业共识。做好预防性养护无疑是这一共识。得以实现的最优途径,只有长期保持良好的路面使用性能,公路建设的投资才能够充分发挥其效益。从这个意义上讲,预防性养护技术的提出是对养护理念的革新,把养护工作者的思维从路面发生结构性破坏再去修的被动状态,转变到了在路面出现损坏之前就积极采取措施的主动状态,以此来延长路面的寿命,减少养护维修费用。

从“十一五”开始,交通运输部在全国范围内推行预防性养护工作。通过近10年的努力,预防性养护的理念已逐步被广大公路管理者和技术人员所接受,预防性养护技术(包括材料和装备)不断完善和成熟,预防性养护的资金和实施里程逐年增加。“十二五”期间,国、省道预防性养护年均实施比重提升至5.1%,预防性养护的成效也开始显现。但在预防性养护的实际操作中,一些困惑的问题也亟须解决,主要有:如何安排预防性养护资金(计划)、如何把握预防性养护时机、如何选择预防性养护技术、如何保证预防性养护工程质量、如何评估预防性养护工程效果等。交通运输部发布的《“十三五”公路养护管理事业发展纲要》中指出,围绕“改革攻坚、养护转型、管理升级、服务提质”四个方面精准发力,争取到2020年,实现公路养护管理“1+2”总体目标,即“一张网格”:安全畅通的公路网络;“两个体系”:公众满意的服务体系和高效可靠的保障体系。加快制定预防性养护政策和技术标准,明确预防性养护决策依据、技术要求和质量标准,推进桥隧预防性养护,加大桥隧检测投入。安排预防性养护专项资金并纳入公路养护年度支出计划;高速公路预防性养护(单车道里程)平均每年实施里程不少于8%,普通国道实施里程不少于5%。

预防性养护是在公路及其设施尚未发生破坏或刚出现病害迹象时,根据路面的损坏状况,选择一个恰当的预防性养护措施,并在最适宜的路段和最佳时间实施应用。通过简单的维修措施,有效地避免各种病害的扩大,延长公路的使用寿命,对提高公路服务水平和资源利用效率具有重要的意义,代表着科学决策的方向。国外大量研究结果表明:对路面进行有计划的预防性养护,其花费不仅大大低于结构性修复的费用,而且路面的使用性能也要好得多。美国科氏路面解决方案中提到,美国道路业曾通过对10多万公里不同等级道路的研究,发现这些道路的使用性能和寿命有一个共同的变化特征:一条质量合格的道路,在75%的使用寿命时间内,性能下降40%,这一阶段称之为预防性养护阶段;如不能及时养护,在随后12%的使用寿命时间内,性能再次下降40%,从而造成养护成本大幅度的增加,这一阶段称之为结构性修复阶段(图1-1)。

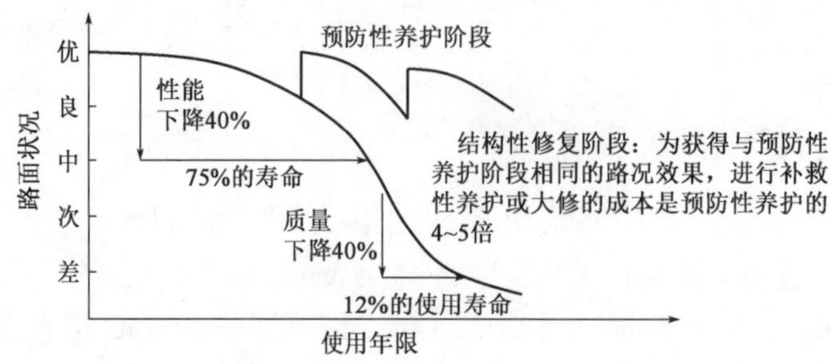

图1-1 预防性养护成本效益示意图

我国现在大多数高速公路养护是矫正性养护,而预防性养护较少,沥青路面在使用过程中,产生裂缝、坑槽和车辙等病害,路用性能会随着时间的推移不断衰减。按照同济大学孙立军教授的研究结论,我国的路面性能衰变曲线为“先快后慢”型,即路面在使用初期性能下降很快,由于这样的路面性能衰变特点,适宜的养护时机“稍纵即逝”。在路面持续采用预防性养护措施后,可以把路面状况维持在一个较好的水平,延缓路面的损坏,推迟路面大修工程,并最终延长路面的使用寿命。

根据AASHTO于1997年对美国各州预防性养护使用效果进行的调查,预防性养护的优点主要有以下几个方面:

(1)预防性养护计划可以在不同路面进行大中修或改建的情况下获得更长的使用寿命,节省了投资,减少了整个生命周期的费用。密歇根州从1992年开始预防性养护计划,对辖区内15420km中27.6%的路面实施了预防性养护措施,预防性养护总的资金投入约8000万美元,但是如果不采取预防性养护措施,估计期间所需的大中修或改建费用将高达7亿美元,是预防性养护的8倍以上。因此,他们认为预防性养护措施能够有效地节省公路部门的长期投资成本。而且密歇根州运输规划局认为,他们对预防性养护措施使用性能的估计还是相当保守的。加利福尼亚认为预防性养护能够提高路面的表面功能,可延长路面的使用寿命5~7年,这5~7年的大修或改建时间的延后,可以把计划用在大修或改建的资金投入到其他更需要的地方。

(2)预防性养护措施施工方便、施工期短、对交通的干扰少,减少了施工给交通带来的不利影响。可以说,一般情况下,预防性养护施工过程中,能保证车辆的正常通行。修复好以后,公路的通行能力将大大提高。

(3)有利于延长公路的使用寿命。预防性养护是在公路及其设施尚未发生破坏或刚出现病害迹象时,通过简单的维修措施,有效地避免各种病害的扩大,延长公路的使用寿命。

(4)提高路面的使用性能。随着预防性养护技术的提高,现在采取预防性养护技术后所能达到的路面使用性能大大提高。乔治亚州通过对比1972年和1997年的数据后发现,采取预防性养护措施后路面的平整度提高了300%,即现在的封层表面处理后的平整度是同样的路面20年前处置后的4倍。乔治亚州的报告称通过预防性养护计划的实施,当地路面行驶质量已经提高到了相当高的水平,所以采集的平整度数据再也不是衡量预防性养护计划的关键因素。

综上所述,在路面使用初期,进行预防性养护,可以获得良好的经济效益。国内已经开始广泛接受和使用预防性养护,并且研究出了一系列的预防性养护新工艺、新材料、新技术,使得路面病害得到了显著的改善。

1.2 预防性养护路面技术分类及特点

1.2.1 雾封层

雾封层技术是利用雾封层洒布车在沥青路面上喷洒一层薄薄的、高渗透性的乳化沥青或改性乳化沥青,以形成一层严密的防水层将路表封闭,起到隔水防渗、修复路面老化,改善路面外观作用的一种预防性养护路面技术。主要适用于已经老化但没有发生结构性损坏,仅有轻微松散和细小裂缝,沥青膜明显脱落的路面。对于开级配的路面应选择具有再生功能的雾封层,对于密级配的路面,应选择密封和保护功能兼有类的雾封层。

1905年,第一个沥青乳化剂产品研制成功后,雾封层就作为第一个乳化沥青应用类型,用于道路防尘,现已成为世界各国沥青路面预防性养护的一个有效措施。雾封层养护技术在我国起步较晚,但其作为一种非常有效的沥青路面预防性养护新技术,在我国的实际工程中也得到了一定的应用,如在安徽合宁高速公路、新疆吐乌大高等级公路乌拉泊路段以及湖北省京珠高速公路蓉沪方向等路段上得到了广泛的应用,期间积累了大量的实践经验,并取得了良好的经济和社会效益。

雾封层不仅可以推迟路面早期病害的产生,使路面的功能得到维持,使用寿命得到延长,并且其施工工艺简单,施工时间不长,管制交通时间短,使用后在路表面迅速形成一层沥青薄膜,使路面起到有效的防水作用,同时对裂缝宽度在3mm以下的细小裂缝都可以起到修复作用,使松散的集料重新黏结在一起,起到稳定集料的作用。因此,在一些路面结构承载能力比较好的路面上可以使用雾封层技术来处治早期破坏,效果显著。图1-2为雾封层现场施工图。

a)

b)

图1-2 雾封层现场施工图

1.2.2 同步碎石封层

所谓"同步施工碎石封层",即使用专用设备将黏结材料和集料同步铺洒在路面上,通过行车碾压或轮胎压路机碾压形成的表面处治。此技术将高温改性沥青或者改性乳化沥青与洁净干燥的均匀石料几乎同时喷洒在路面上,保证沥青与石料在最短的时间内完成结合,保证了沥青与石料有足够的结合强度。

同步封层技术是由北京埃蒙泰公司于2002年引入我国,已在国内完成了多项工程。在我国辽宁省、湖南省等地的高速公路下封层及国道、省道的建设养护中同步碎石技术得到了应用。2005年,西安市公路管理局在国省道以及地方道路的养护中大力推广同步碎石封层作为磨耗层的新型养护技术,共处理路面44万m^2。经同步施工沥青碎石封层处理后,沥青路面具有良好的抗滑性能和防渗水性能,同时具有良好的侧向排水能力和路面裂缝处理性能,因而大大延长了路面的使用寿命。

总的来说,同步碎石封层技术独特的结构形式与施工技术,可以节省材料和设备成本,具有较高的性价比,此外,特殊的快裂乳化沥青材料可确保集料在很短时间内牢固地黏结在原有路面上,经过碾压和清扫后即可迅速开放交通。图1-3为同步碎石封层现场施工图。

a)

b)

图1-3 同步碎石封层现场施工图

1.2.3 微表处

微表处是采用专用机械设备将聚合物改性乳化沥青、集料、填料、水和添加剂等按照合理配合比拌和成稀浆混合料并迅速摊铺到原路面上,并很快开放交通的具有高抗滑和耐久性能的薄层,在摊铺后1~2h内开放交通。

1999年,我国公路交通科技工作者与国外同行技术交流中首次接触并开始对微表处进行了初步的探讨。2001年9月,交通部[1]西部交通建设科技项目通过立项,对微表处技术进行研究。该项目由交通部公路科学研究所承担,四川省交通运输厅公路局和内蒙古自治区乌海市公路管理局参与。2005年底,交通部发布实施了由交通部公路科学研究所主编的《微表处和稀浆封层技术指南》。与此同时,国内不少单位也以多种形式对该技术进行了研究和探讨。

---

[1] 2008年,交通部更名为交通运输部。

微表处技术是在稀浆封层技术的基础上经改良发展起来的路面薄层罩面技术。热拌沥青混合料根本无法满足填充车辙的要求,为此使用流动性好、填充能力强、施工速度极快的乳化沥青稀浆混合料,形成了基于改性乳化沥青稀浆混合料的车辙快速修复技术,即微表处车辙修复技术,随后也用于整幅罩面。微表处技术可以处理路表面出现轻度裂缝、车辙、坑槽、光滑、路面渗水等病害,防止路面病害恶化,维持路面的使用。

微表处能够提高路面宏观构造深度和摩擦系数,具有良好的抗滑性,可以在常温下施工,施工速度较快,可以迅速开放交通,污染小;微表处沥青混合料含有的聚合物使乳化沥青更具有黏结力,采用的质量较高的集料使微表处相比普通稀浆封层具有更强的黏结力,可适用于重载交通和交通量大的路面等,养护成本低。

微表处在使用过程中常见的问题主要有跑料、脱皮、噪声比较大等,受交通量、混合料级配以及施工工艺的影响较大。

微表处现场施工图如图1-4 所示。

a)

b)

图1-4　微表处现场施工图

1.2.4　同步纤维磨耗层

同步纤维磨耗层为一种新型的路面预防性养护方式。该技术加入玻璃纤维的冷拌和工艺和改良的黏结层工艺,通过专用设备同步实现黏结层的喷洒及磨耗层的施工,加强吸附程度,实现混合料的冷拌冷铺,大大提高了预防性养护施工的适应性及灵活性,同时其特有的喷洒工艺也保证了黏结层与磨耗层的结构整体性,有效保障了路面使用性能。

同步纤维磨耗层技术是由德国百灵公司在2000 年左右提出,现已在欧洲等发达国家路面养护中得到了较为广泛的应用。10 年前在国内的会议上进行交流,但由于该技术需要特殊的施工设备以及高性能的防水黏结材料,2012 年才开始铺设第一条试验路。中咨公路养护检测技术有限公司以齐泰高速公路 K239 +000 ~ K243 +000 段为依托工程,成功铺筑了同步纤维磨耗层试验路,应用效果良好。图1-5、图1-6 为同步纤维磨耗层技术施工现场及铺筑后情况。

同步纤维磨耗层技术具有高耐磨损性、高黏附性、高防水性和抗裂能力等优势,不但可以大大提高路面的各项功能,而且能够有效减少施工设备使用数量、提高设备利用率、缩短养护时间。因此,推广应用同步纤维磨耗层技术在预防性养护中的应用具有良好的经济效益和环境效益。

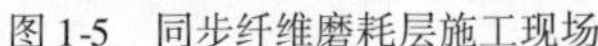

图 1-5　同步纤维磨耗层施工现场

图 1-6　同步纤维磨耗层施工后效果

1.2.5　同步薄层罩面

近几年,随着对预养护思想认识的加深,我国对沥青薄层罩面技术有了一定的研究。功能性罩面厚度在不同国家、地区的规范及手册中有不同的界定,美国的薄表面层厚度为12.5～37.5mm,而《HMA Pavement Mix Type Selection Guide》中规定,用于中等与重交通的薄表面层 SMA-10 铺装厚度 25～37.5mm,OGFC-10 铺装厚度 19～25mm;英国的薄表面层分界厚度为小于 18mm,18～25mm 和 25～40mm;法国的薄表面层分为三类:超薄(10～20mm)、很薄(20～30mm)和一般薄(30～50mm);南非的超薄罩面定义为铺筑厚度小于 30mm 的各种级配沥青混凝土表面层;《广东省高等级高路沥青路面预防性养护技术手册》等地方标准中规定超薄罩面 10～20mm、薄层罩面 20～40mm 和罩面 40～50mm。

《公路沥青路面养护技术规范》(JTG 5421—2018)中将功能性罩面铺筑厚度分为小于25mm(不含)的超薄罩面、25～40mm(不含)的薄层罩面和 40～60mm(不含)的罩面。应根据路面技术状况、主导损坏类型、交通量大小及组成、气候条件、工程经验等因素,合理确定功能性罩面措施。

同步薄层罩面是一种针对交通负载大、路面性能要求高的高等级道路的路面解决方案,主要应用于高等级沥青或水泥路面的预防性养护和轻微病害的矫正性养护,包括骨架空隙型同步薄层罩面混合料和骨架密实型同步薄层罩面混合料。该项技术应具备以下特点:

(1)相比 SMA 表面功能,具有更大的技术优势

同步薄层罩面具有比 SMA 更为全面的技术优势。从拌和而言,由于同步薄层罩面不需要添加纤维,矿粉添加量小,沥青用量小(和 SMA 比较),拌和相对容易,速度比 SMA 更快;从另一角度考虑,能否将纤维均匀地分散在沥青混合料中是纤维能否发挥作用的关键,这种均匀分散的要求直接影响了混合料的拌和质量和拌和效率。从压实方面考虑,同步薄层罩面先进的摊铺设备使摊铺后路面直接达到了设计要求,因而压实的目的只是使集料就位,将一台双钢轮压路机不开振动碾压一遍即可。而 SMA 对碾压的要求较高,工艺复杂,过程不宜控制,容易引发质量问题。同步薄层罩面表面处理如图 1-7 所示。

(2)施工速度快

专用摊铺机具有喷洒乳化沥青和铺设热拌沥青混合料几乎同时进行的能力,并且一次成型。同步的施工工艺确保了喷洒乳化沥青只在铺设沥青罩面之前进行,因而乳化沥青膜

不会被摊铺机或者运料车损坏，也不会被污染。这种同步施工工艺可节省时间和减少工作延迟。专用摊铺机的摊铺宽度可在2.5～5.0m的范围内自由调整，在个别情况下，可加宽到6m。这种弹性的工作宽度可适应不同的路况，提高了施工效率。专用摊铺机可确保在宽度变化情况下运行12～36m/min。这意味着，专用摊铺机的铺筑速度为常规摊铺机的5～10倍。换而言之，在高速摊铺的情况下，每天可单车道铺筑8～10km。

图1-7　同步薄层罩面表面纹理

（3）压实容易，开放交通快

同步薄层罩面压实比较容易。一般情况下，在混合料温度降至90℃之前，用双钢轮（DD110、D130或类似设备）在静力模式下至少碾压一遍，压实的原则为“高温、紧跟、快压”，如图1-8所示。混合料采用的级配为断级配，厚度薄，散热快，并在促使乳化沥青中水分气化的过程中迅速降低温度，混合料表面温度降低到50℃以下，即可开放交通。

a)　b)

c)　d)

图1-8　同步薄层罩面施工现场

(4)抗滑性能好

同步薄层罩面具有良好的抗滑能力,可减少道路交通事故,特别是减少雨、雪、天气的交通事故。

(5)对原路面影响较小

同步薄层罩面的设计厚度仅为15~25mm,对原路面的影响较小。一般情况下,不会影响原有路面的排水系统,也不需要对路缘石进行抬高。对于高等级公路而言,可不抬高原有的护栏,并可不铺筑紧急停车带,这种技术上的优势可节约大量的建设养护资金。此外,对于净空或自重受限的路面或桥面而言,同步薄层罩面技术具有独到的优势。

1.3 沥青路面预防性养护的发展趋势

沥青路面预防性养护技术的发展趋势仍将响应交通运输部"绿色养护"的要求,做好高速公路低碳养护工作,强化低碳生态意识,积极推广新技术、新工艺、新材料、新设备,加强预防性养护,坚持"环保、节能、经济、创新"的养护理念。优化要素配置、破除发展障碍,实现关键领域环节的突破性进展,特别要推动"互联网+"与养护管理融合发展。厚植资源节约、集约高效、节能减排、生态环保、自然和谐的绿色发展理念,推动公路养护管理实现高效低碳发展,大胆探索养护管理新模式,推动公路养护向资源节约型、环境友好型转变。预防性养护仍将沿着新技术、新工艺、新材料、新设备四个方面向前发展。

(1)推广绿色养护

要树立绿色养护理念,将可持续发展理念贯穿到公路养护各个阶段、每个环节,通过推广绿色养护技术,建立涵盖沥青路面、桥梁加固、隧道处治等方面的养护技术体系,重点开展路面再生利用、生态修复、橡胶或天然改性沥青超薄罩面、常温拌和等技术研究和推广,实施绿色技术的品质工程。要按照厅、局统一部署,积极配合公路、路政部门大力开展全域无垃圾集中整治,推行环保文明施工,提高公路养护低碳、环保、绿色的科技水平。

(2)推广快速养护

为了方便人们的出行,更好地为经济建设服务,国家目前对高速公路的畅通提出了更高的要求。这种情况的出现对路面的养护工作提出了新的要求,即要求养护工作应及时、快速、安全、可靠,尽量缩短封闭车道的时间。因此,快速养护成为高等级路面养护施工发展的必然选择。其基本内涵为:针对沥青路面的破损情况,选用先进的养护机械组合(或专用设备),使用性能可靠的材料,通过合理的施工工艺,快速完成沥青路面的养护作业。即不断采用先进的养护技术,缩短养护施工作业占用车道的时间,减少交通阻塞,最大限度地实施快速养护。

快速养护技术的核心在于创新路面解决方案。采用传统的技术和思路已经无法满足当前养护的需求。目前,制约快速养护技术发展的主要瓶颈为三个方面:一是优质的材料;二是成套的施工技术;三是先进的设备。

养护设备的发展与材料和工艺的发展有着密切的关系。新的养护材料和养护工艺的出现伴随着新设备的产生。2015年中国交建路面养护技术研发中心对基于STPMS路面快速养护新工艺、新材料的研究——冷拌冷铺同步快速处治技术(同步纤维磨耗层)进行研究,该项目由中国交建公路路面养护技术研发中心、中国公路工程咨询集团有限公司承担。从传统上解决了微表处使用寿命短、容易脱皮等问题,提出了洒布黏层、稀浆混合料中掺入纤维的解决方案,为保障冷拌冷铺纤维磨耗层具有良好的路用性能及耐久性,与中交西安筑路机械有限公司合作设计、研发了国内首台同步纤维磨耗层专用摊铺设备,提出了 NS9 同步纤维磨耗层车的总体方案及性能参数,确定了工作装置动力传动方式,采用高性能液压驱动纤维装置,配合易发智能服务系统,实现了 NS9 同步纤维磨耗封层车全程精细化施工与远程检测。

(3)推广新技术

结合工程所在地的气候、交通及环境特点,积极推广适合当地养护水平的预防性养护新技术,建立不同地区的养护措施库。改变被动养护为主的养护理念,重点围绕路面、桥面等主体工程积极推广预防性养护技术。其中,路面预防性养护技术方面已成熟可被引进的为同步薄层罩面、同步纤维磨耗层等。

所谓"同步施工技术"包含两层含义,首先,该技术必须是"同步"的施工工艺;其次,"施工技术"是指由高品质黏结料、特殊的设计体系、专用设备、良好的施工性能和使用品质等部分构成的体系。

同步施工技术将两道工序合二为一,具有"快速、安全"的特点。"快速"是指同步施工技术具有施工速度快,开放交通快的特点。近几年,高速公路的交通量迅速增加,给路面施工的组织管理带来了更大的难度,低效率的施工使路面维修费用增长明显。同步施工技术是解决这些问题的最佳选择。

"安全"是指同步施工技术具有安全可靠,操作简单的特点。两道工序的施工牵涉到更多的人员和机械设备,使得养护过程受到人员素质、技术水平、时间、空间及气候等一系列因素的制约,不仅影响了养护施工的速度及质量,而且难以保证公路养护施工的安全性。同步施工养护技术施工时间短,可显著减少车道占用时间,有利于提高公路养护施工的安全性。

同步薄层罩面技术独有的"开放交通速度快、表面功能优越"的特点以及薄罩面拥有的经济优势,引起了各国的普遍重视,针对我国沥青路面、水泥路面对快速养护技术的迫切需求,对此技术的深入研究越来越广。

(4)推广信息化

在当前路面性能需求提升与养护资金矛盾日益突显的条件下,融合先进的养护理念(预防性养护、全寿命周期成本)、系统分析方法和信息化技术手段构建集"数据采集—状况评定—养护决策—业务管理—统计报表"为一体的养护管理系统,建立公路养护大数据平台,为公路管养单位提供中长期养护决策支持,提升养护效率,保证道路良好的服务水平,最大化发挥路网效益。

1.4 同步薄层罩面技术的国内外应用现状

1.4.1 同步薄层罩面技术的国外应用现状

从 20 世纪 70 年代开始,为了使路面提供更好的密水性、表面构造,降低噪声和抵抗车辙,法国在 1979 年发展了厚度为 3 ~5cm 的断级配薄面层混凝土(BBM)。随着薄层混凝土的应用,基于维持重交通下的路表面服务功能的目的,及解决薄面层出现的车辙和表面功能衰减,法国于 1983 年提出了 20 ~30mm 的很薄面层(BBTM),使用 0/10 型级配和 0/14 型级配在 2 ~ 6mm 处间断的断级配沥青混凝土。具有现代意义的超薄(BBUM)产生于 1987 年,它采用减少细集料含量、使用改性沥青和厚的黏结层等技术措施,使得薄层罩面能够有效地延长路面使用寿命,并具有良好的表面功能。

同步薄层罩面于 1986 年最先由法国开始提出,英文名为 NovaChip,1992 年美国开始推广后迅速发展,截至 2004 年,使用面积已经超过 50000000m^2(相当于高速公路单幅 5000km),且绝大部分工程集中在超大交通负荷的高等级道路上。从 20 世纪 80 年代开始,美国逐渐研究薄层沥青混凝土技术,特别是 NCAT 对薄层混凝土技术进行了大量的研究,主要作为路表的功能层使用。80 年代末,亚利桑那州使用橡胶沥青混凝土铺筑薄层罩面,所用级配为开级配和断级配,采用橡胶粉改性沥青,铺筑厚度为 12 ~ 37.5mm。经过多年的跟踪调查,认为橡胶改性沥青薄层混凝土罩面性能出色,特别是裂缝率较低、费用周期成本低。在俄亥俄州广泛使用一种叫 Smoothseal 的薄层混凝土,B 型可用于高速公路、重交通道路,混合料采用马歇尔方法设计,铺筑厚度为 19 ~ 38mm,采用改性沥青。佛罗里达州采用 FC-5 和 FC-6 沥青混凝土,前者为开级配,公称粒径为 12.5mm,结合料含 12% 胶粉的橡胶沥青,掺加纤维,摊铺厚度为 20mm;后者为密级配,有公称最大粒径 9.5mm 与 12.5mm 两种级配,结合料为 5% 胶粉的橡胶沥青,摊铺厚度为 25 ~ 38mm。在马里兰州薄面层采 65% 的轧制碎石,35% 的天然沙砾,典型的铺装层厚度为 19 ~ 25mm 的 SUPERPAVE4.75mm 也显示了良好的抗车辙和抗裂性能。

英国 TRL 铺筑了多条薄层试验路,包括 UTAC、VTAC 以及薄 SMA,试验路段多数属于重交通道路。经过对试验路抗滑、噪声水平、渗透性等指标进行多年的观测,认为多种薄层能够在重交通路面上使用。

薄层混凝土在南非的应用比较广泛,有专门针对薄面层的设计和施工指南。南非将薄面层混合料定义为:传统沥青混合料(连续级配、断级配、完全断级配)≤30mm、SMA≤25mm、薄磨耗层≤20mm、沥青砂≤30mm 四种,其中薄磨耗层和 SMA 适用于作为重交通高性能路面的磨耗层,沥青砂主要用于轻交通路面。

随着乳化沥青技术的不断进步和公路养护需求的不断发展变化,同步薄层罩面技术也在不断地提高和完善。2005 年 TRB 发表的报告称,从美国 42 个州、12 个市县,加拿大 10 个省、1 个行政区、2 个市,澳大利亚 4 个省,新西兰 2 个省,英国的 2 个公共机构和南非地区收到了总共 92 份独立的调查显示:碎石封层在澳大利亚、新西兰、南非和英国的平均使用寿命为 9.60 年,美国为 5.76 年,加拿大为 5.33 年。

1.4.2 同步薄层罩面技术的国内应用现状

我国薄层沥青混凝土的应用最早是用于城市道路的建设。为提高沥青混凝土表面层的抗滑性能,特别是表面宏观粗糙度,沙庆林院士研究开发了粗集料断级配密实型的沥青混凝土——多碎石沥青混凝土(SAC),其空隙率较小,表面构造深度好,抗变形能力强。

1992 年以来,由于我国高速公路的迅速发展,我国学者对 SMA 技术开展了较为广泛的研究。1997 年,重点研究 SMA-10 的高温稳定性,在北京市长安街铺筑了厚度为 3cm 的罩面。实践证明,除了部分交叉口和公交站台由于频繁制动、停车造成混合料流动产生车辙外,整体上取得了很好的效果。

2000 年 5 月交通部公路所在济青高速公路首次采用薄层作为高速公路的抗滑表层,

铺筑了全长2.4km,厚度为25mm的试验路段。这是国内真正意义的薄层罩面,该试验路段采用了五种类型的超薄型混合料,其中有SAC10断与SAC10完全断两种级配,通过3年的重交通运行,表面功能保持完好,表面纹理粗糙,解决了路面泛油现象。在同年10月,公路所在京沪高速公路河北段铺筑超薄沥青混凝土面层试验段。京沪试验路为SAC10、SAC6、OGFC10三种级配,长度2.3km,铺筑厚度25mm。在2003年在石安高速公路严重泛油的行车道上修筑了全长2km的共四种SAC10结构的铺装层厚为2.5cm的超薄沥青面层。此外,广深高速公路上曾铺筑了公称最大粒径为6mm、铺装厚度为20mm的SMA。

同步薄层罩面技术从2003年6月引进中国以来,逐渐在国内高等级公路推广。2003年6月在深圳市布龙路首次应用同步薄层罩面技术,也是该技术在国内水泥混凝土路面首次应用。2003年12月在广东京珠高速公路南段进行了2km试验段,是在国内高速公路沥青路面的首次应用。石安高速公路管理处和长沙理工大学公路工程学院于2003年完成了“高速公路薄层沥青混凝土罩面技术研究”的研究课题。交通部公路科学研究所等单位,承担了西部交通科技项目“超薄层沥青混凝土面层技术研究”的课题,提出了超薄层沥青混凝土设计施工技术指南。

2006年5月,中国公路工程咨询集团有限公司在河南省京珠高速公路许昌段首次推广同步薄层罩面技术,施工面积2.1万m^2。同年7月,在河北省京石高速公路及宣大高速公路首次推广应用同步薄层罩面技术,施工面积15.0万m^2。该项目的顺利完成奠定了同步薄层罩面技术及工程应用的领先优势。随后几年在四川、广东、河南、河北、山东、天津、陕西、湖北、安徽、辽宁等省市逐步试验和应用。

针对热拌沥青混合料环境污染的缺点,温拌沥青混合料(Warm Mix Asphalt)应运而生。其在降低施工温度(拌和温度相较于热拌沥青混合料而言大约低30℃,同时集料温度也相应降低20~30℃)的同时可保证路用性能。该技术大多是通过添加外加剂(乳化剂、降黏剂、发泡剂等)从而实现沥青黏度的降低,而国内目前应用最多且最为成熟的温拌技术(即乳化沥青温拌法和有机添加剂法)亦是如此,其途径均是在沥青混合料拌和时添加Sasobit或者Evotherm等温拌剂从而实现混合料的温拌效果。尽管它们的使用可以让沥青混合料在低温下拌和,达到低碳减排的目的,可是这些温拌剂产品往往比较昂贵,施工成本大大提高,且增加了相应的施工难度,我国虽然也开发了一些温拌剂,成本虽便宜(相对国外而言)但性能不稳定仍是其主要问题,在一定程度上还得依靠国外温拌剂进行温拌沥青路面的施工。

2016年,根据中国工程建设标准协会《关于印发〈2016年第一批工程建设协会标准制订、修订计划〉的通知》(建标协字〔2016〕038号)的要求,由中国公路工程咨询集团有限公司、中咨公路养护检测技术有限公司等单位所承担制订《公路路面同步薄层罩面设计与施工技术规范》。与此同时,国内不少单位也以多种形式对该技术进行了研究和探讨,有力地推动了同步薄层罩面技术的发展。

第 2 章　预防性养护适用性

路面工程公路设施建设与养护是投资大、影响出现直接、资源能源消耗多的关键工程。路面直接承受交通荷载的反复频繁作用，其使用性能衰减快，养护需求大。目前投入运营的公路路面大多已进入大中修养护期及预防性养护期。养护工程按照养护目的和养护对象，分为预防养护、修复养护、专项养护和应急养护。根据预养护理念，预防性养护措施必须应用于合适的路面状况才能发挥其优良的养护性能和经济效益。在路面轻微损坏出现之前或出现时，选择进行预防性养护可以有效地防止损坏的出现或进一步发展，延缓费用高昂的大中修，从而保持路面的良好服务水平，同时延长了路面的使用寿命，节省了有限的养护资金。

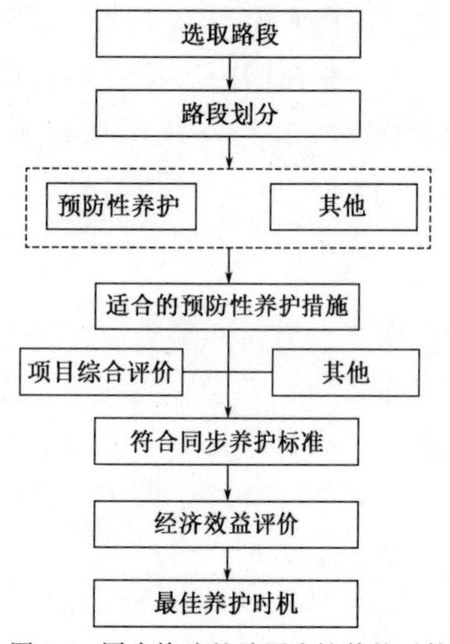

图 2-1　同步快速处治预防性养护对策及时机的确定

依据预防性养护对策的选择原则，其流程如图 2-1 所示。首先根据预防性养护的路况要求，判断当前路面状况是否适合预防性养护；如果适合，对各种预防性养护措施进行工程综合评价，选择最合适的养护措施；最后对适合的同步快速处治养护措施进行经济效益评价，确定最佳养护时间。

2.1　养护措施确定

2.1.1　考虑剩余寿命指标适用标准

利用某公路的多项检测数据，对我国《公路技术状况评定标准》(JTG 5210—2018)的主要评价指标路面结构强度指数 PSSI、路面状况指数 PCI、路面行驶质量指数 RQI 以及 AASHTO 设计指南的剩余寿命 RL 指标，进行分析和对比论证，提出修正的路段划分原则。

根据评价指标分析和路段划分的对比分析，确定如下划分原则：

①以 PSSI 和 PCI 作为大中修路段划分的主要指标。

②以 PCI、DRc、RQI、SRI 作为预防性养护类路段划分的主要指标。

③各类路段划分必须以剩余寿命 RL 进行验证。

④提高裂缝类修补权重(以轻度开裂权重计)，计算破损率 DRc，用以区分破损类病害和泛油、松散类病害。

具体路段划分原则如下：

(1)大修补强

①PSSI 小于 70，且剩余寿命 RL 为 1 ~ 3 年。

②PCI 小于 80，且剩余寿命 RL 为 1 ~ 3 年。

(2)中修罩面

PCI 小于 80,且剩余寿命 RL 为 4 ~8 年。

(3)预防性养护

①PCI 小于 80,破损率 DRc 大于 5%,且剩余寿命 RL 为 8 年以上。

②PCI 小于 80,破损率 DRc 小于 5%(松散、泛油类病害为主),且剩余寿命 RL 为 8 年以上。

③RQI 小于 70,且剩余寿命 RL 为 8 年以上。

④SRI 小于 80,且剩余寿命 RL 为 8 年以上。

2.1.2　同步薄层罩面技术适用标准

虽然剩余寿命指标在国外应用相对普及,但在国内,交通量数据的采集仍然受限,无法通过交通量反算法直接获取剩余寿命,需要进一步研究剩余寿命指标的准确性。因此,国内路段划分仍采用路面综合指标 PQI、路面损坏指数 PCI 作为主要划分依据,必要时辅以单项评价指标。

当对路面进行预养护措施时,路面不能有结构性的损坏(严重的疲劳开裂、较深的车辙)、严重的温度裂缝和大面积的路面损坏,如存在上述情况,应对路面结构进行补强或对裂缝进行灌缝封缝处理。同步薄层罩面适用于预防性养护或需要改善抗滑等使用性能的沥青路面,其适用的各等级公路路况水平宜符合表 2-1 的规定。

同步薄层罩面适用的各等级沥青路面路况水平　　表 2-1

路况指数		高速公路	一级及二级公路	三级及四级公路
PCI、RQI	不小于	85	80	75
RDI	不小于	80	75	70

同步薄层罩面同时也适用于预防性养护或需要改善行车舒适性等使用性能的水泥混凝土路面,但同样不能作为结构补强层,其适用的各等级公路路况水平宜符合表 2-2 的规定。

同步薄层罩面适用的各等级水泥路面路况水平　　表 2-2

路况指数		高速公路	一级及二级公路	三级及四级公路
PCI、RQI	不小于	85	80	75
DBL(%)	不大于	3	5	7

通过对公路路面的强度进行检测,确保路面强度指数,路面行驶质量指数满足要求。当公路路面的抗滑能力不足时,可以优先考虑采用同步薄层罩面技术进行改善。

2.1.3　预防性养护措施确定

预防性养护对策选择是路面预防性养护的关键技术之一,决定着养护措施选择的科学性和合理性。确定预防性养护路段后,考虑工程因素(包括可获得的材料、施工质量、耐久性、交通干扰、行驶舒适性、抗滑性能、噪声和美观 8 项),采用项目级综合评判法分别对所有可行的预防性养护措施作进一步分析,综合评判系数 K 的最大值即为最佳对策方案,K 值的计算公式如下:

$$K = \sum_{j=1}^{n} C_{ij} W_j \tag{2-1}$$

式中：K——综合评判系数；

C_{ij}——第 i 种待选养护措施针对第 j 种影响因素的特征属性值；

W_j——第 j 种影响因素的权重系数；

n——影响因素的数目。

根据国内外研究成果，各项因素的权重系数见表2-3，当某项因素是需要重点考虑的问题时，取权重系数的上限值，非主要因素权重系数取下限值。例如，某路段平整度较差，抗滑性能良好，则“行驶舒适性”权重可取上限20，“抗滑性”取下限10，并保证所有影响因素权重系数和为1。常用的预防性养护措施对于各影响因素的特征属性分值范围以及推荐值见表2-4。

不同等级公路的影响因素权重系数 W_i 表2-3

影响因素	高等级公路权重系数		普通公路权重系数	
	推荐范围	代表值	推荐范围	代表值
可获得的材料	5~15	10	10~20	15
施工质量	15~25	20	15~25	20
耐久行	10~20	15	5~15	10
交通干扰	10~20	15	5~15	10
行使舒适性	10~20	15	10~20	15
抗滑性	10~20	15	10~20	15
噪声	0~10	5	5~15	10
美观	0~10	5	0~10	5
合计	—	100	—	100

各常用预防性养护措施的属性分值范围和推荐值 表2-4

影响因素	稀浆封层	微表处	碎石磨耗层	复合封层	混凝土磨耗层	热再生	雾状封层	冷再生
可获得的材料	3~5(4)	3~5(4)	2~4(3)	2~4(3)	2~4(3)	3~5(4)	4~5(5)	3~5(4)
施工质量	3~5(4)	3~5(4)	1~3(2)	2~4(3)	3~5(4)	3~5(4)	3~5(4)	3~5(4)
耐久性	1~3(2)	3~5(4)	2~4(3)	4~5(5)	4~5(5)	4~5(5)	1~2(1)	4~5(5)
交通干扰	3~5(4)	4~5(5)	1~2(1)	1~3(2)	1~3(2)	1~2(1)	3~5(4)	1~2(1)
行使舒适性	2~4(3)	3~5(4)	2~4(3)	3~5(4)	4~5(5)	4~5(5)	1~2(1)	2~4(3)
抗滑性	3~5(4)	3~5(4)	4~5(5)	3~5(4)	4~5(5)	4~5(5)	1~2(1)	4~5(4)
噪声	3~5(4)	2~4(3)	1~2(1)	3~5(4)	4~5(5)	3~5(4)	3~5(4)	3~5(4)
美观	3~5(4)	3~5(4)	3~5(4)	3~5(4)	4~5(5)	4~5(5)	2~4(3)	3~5(4)

注：1. 获得符合质量要求材料的难易程度（5=很容易，1=很难）。
2. 施工单位的数量度和经验（5=质量很好，1=质量很差）。
3. 预防性养护措施的使用寿命（5=最长，1=最短）。
4. 对交通干扰程度（5=几乎没有干扰，1=干扰很大）。
5. 平整度的改善（5=改善很好，1=没有改善）。
6. 对抗滑性的改善（5=改善很好，1=没有改善）。
7. 噪声（5=明显减少，1=明显增加）。
8. 外观改善（5=改善很大，1=没有改善）。

2.1.4　预防性养护最佳时机确定

在确定了对路面采取何种预防性养护措施后,何时实施就成了关键。在同一路面的不同路况下应用预防性养护措施会产生不同的效果,即存在最佳养护时间。预防性养护措施采取太晚则路面结果已经破坏,采取太早则浪费资金,还会引起泛油、车辙等路面病害。预防性养护理念中,延长路面使用寿命并降低寿命周期内的养护费用是重要的目标之一,最佳预防性养护时间的确定应包括经济分析评价。因此建议采用费用效益分析方法作为最佳预防性养护时间的确定方法。

采用费用效益分析法确定路面的最佳养护时间时,需要详细计算在不同时间点应用预防性养护措施所带来的费用(当量平均年费用 EUAC)和产生的效益(效益指数 PBI),并通过分析指标(效益费用比 BCR)来判断效益的大小。以下将简单介绍效益费用分析方法。

(1)费用分析

费用分析一般考虑预防性养护措施费用、中修费用和日常养护费用等。在确定的时间范围内,可采用当量平均年度费用法(EUAC)来计算各时间的方案费用,计算公式如下:

$$\mathrm{EUAC}_i = \mathrm{PW}_i \times \left[\frac{d \times (1+d)^{n_i}}{(1+d)^{n_i} - 1}\right] \tag{2-2}$$

式中:EUAC_i——第 i 个预防性养护时间方案的当量平均年度费用;

n_i——第 i 个预防性养护时间方案费用分析期的长度;

PW_i——第 i 个预防性养护时间方案的各项费用总现值;

d——利率,以小数计。

(2)效益分析

路面预防性养护为公路部门和用户带来诸多效益,包括事故量减少、行程时间缩短、车辆运行费用降低、养护费用节省、行驶舒适性增加等。这些措施产生的效益主要来源于路面使用性能的提高,可以综合采用路面性能曲线下的面积来表征预防性养护措施的效益,称为效益面积。

预防性养护措施所产生的效益为采取预防性养护措施和不采取预防性养护措施时路面使用性能曲线下的面积差,如图 2-2 灰色部分所示。该面积差 A_j 由预防性养护实施时间($X = X_{js}$)、预防性养护路况标准($y = y_{jo}$)和使用性能衰变曲线[$y = f_j(x)$ 和 $y = f_{jo}(x)$]共同确定,用积分计算。

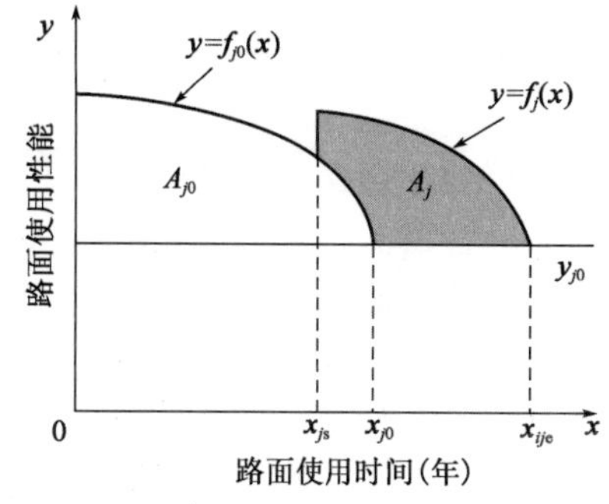

图 2-2　效益面积计算

单指标的预防性养护效益指数 PBI 即为效益面积 A_j 占未采取养护措施的性能指标面积百分比。但预防性养护措施一般能同时带来多项性能的改善,因此效益分析往往同时考虑多种指标的效益贡献。为了把多指标产生的效益综合起来,可将各分析指标的效益面积标准化后进行加权。这个综合值称为预防性养护效益指数:

$$\mathrm{PBI}_i = \sum_{j=1}^{n} \gamma_j \frac{A_{ij}}{A_{j0}} \tag{2-3}$$

式中:PBI_i——任意一个时间方案 i 的预防性养护效益指数;

γ_j——第 j 个指标的效益权重系数；

A_{ij}——第 i 个时间方案，第 j 个指标采用预防性养护后的效益面积；

A_{jo}——第 j 个指标不采用预防性养护的效益面积；

n——效益分析指标的数目。

(3)最佳效益时间判定

按照以上方法计算得出任意一个时间方案 i 的预防性养护效益指数 PBI_i，及其当量年度费用 $EUAC_i$后，可求出效益费用比 BCR_i。根据费用效益分析方法的原理，效益费用比最大的时间方案即为最佳预防性养护时间。

$$BCR_i = \frac{PBI_i}{EUAC_i} \tag{2-4}$$

2.2 考虑剩余寿命指标决策示例应用

2.2.1 路面技术状况评价指标

(1)路面使用性能(PQI)

沥青路面技术状况评定包含路面损坏、路面平整度、路面车辙、抗滑性能、路面结构强度和路面构造深度六项技术内容。其中，路面结构强度为抽样评定指标，单独计算与评定，评定范围根据大中修养护需求、路基的地质条件等自行确定。

水泥混凝土路面技术状况评定包含路面损坏、路面平整度、路面抗滑性能、路面构造深度四项技术内容，其中路面构造深度单独评价，不参与路面技术状况 PQI 计算；路面使用性能用 PQI(Pavement Quality or Performance Index)表示。PQI 按式(2-5)计算：

$$PQI = w_{PCI}PCI + w_{RQI}RQI + w_{RDI}RDI + w_{SRI}SRI + w_{TDI}TDI \tag{2-5}$$

式中：w_{PCI}——PCI 在 PQI 中的权重，按表 2-5 取值；

w_{RQI}——RQI 在 PQI 中的权重，按表 2-5 取值；

w_{RDI}——RDI 在 PQI 中的权重，按表 2-5 取值；

w_{SRI}——SRI 在 PQI 中的权重，按表 2-5 取值；

w_{TDI}——TDI 在 PQI 中的权重，按表 2-5 取值。

PQI 分项指标权重 表 2-5

路面类型	权　重	高速公路，一、二级公路	三、四级公路
沥青路面	w_{PCI}	0.35	0.60
	w_{RQI}	0.40	0.40
	w_{RDI}	0.15	0
	w_{SRI}	0.10 或 0	0
	w_{TDI}	0 或 0.10	0
水泥混凝土路面	w_{PCI}	0.50	0.60
	w_{RQI}	0.40	0.40
	w_{SRI}	0.10 或 0	0
	w_{TDI}	0 或 0.10	0

在路面技术状况指数 PQI 评定过程中，若无路面抗滑性能指数 SRI 评定结果，可用路面构造深度指数 TDI 评定结果代替计算，此时 SRI 权重取 0，TDI 的权重为 0.1。

(2)路面结构强度指数(PSSI)

我国规范都以弯沉作为路面结构强度评价指标。在养护过程中，若弯沉值超过某一范围，即表明该路段的结构强度下降，需要进行大中修结构补强。而事实上，路面弯沉与路面结构性破坏存在一定的相关性，而更多的沥青路面功能性破损，与路面的结构强度无关，是无法用弯沉指标来判断的。例如，半刚性基层水泥用量较高时，路面刚度大、弯沉小，但基层易产生横向开裂，导致面层的反射裂缝破坏；而柔性基层沥青路面，弯沉比普通半刚性基层大，但并不意味着其路面使用状况相对弯沉小的半刚性路面处于劣势。即路面的使用状况与路面的结构强度并不必然相关。

根据某公路路况调查与弯沉检测数据，对 PSSI 为中以下(<70)的路段进行了路况指数 PCI 与路面结构强度指数 PSSI 的相关性分析，见图 2-3。结果显示，PSSI 与 PCI 相关性差，并非弯沉大的路段路况差、病害多，PSSI 为中以下而 PCI 为优良的占了 77%。因此，仅以 PSSI 作为大中修路段划分标准是有缺陷的，应考虑补充其他能够反映结构强度的指标进行验证。

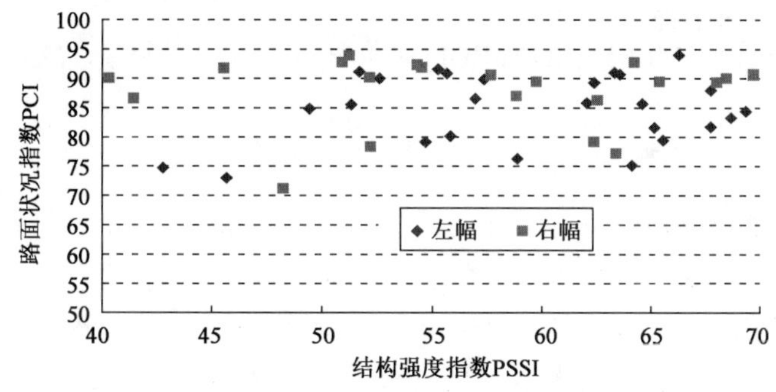

图 2-3　PSSI 与 PCI 的对应关系图

(3)路面损坏指数(PCI)

路面损坏指数 PCI 是根据路况调查结果，对各项病害数量进行统计，按照各项病害的权重计算得到，具体计算方法参见《公路沥青路面养护技术规范》(JTJ 073.2—2001)。该指标能够较好地反映路面的病害程度，PCI 越小，路面病害越多，路面性能越差。但该指标无法区分开裂类病害和泛油、松散类病害，即相同 PCI 下，无法判断是开裂破损病害占主导，还是泛油、松散类病害占主导。例如，某公路 K4050 ~ K4070 的右幅路段，PCI 小于 50，但实际调查显示，该路段破损类病害较少，而以松散泛油病害为主，因此简单凭 PCI 数值不足以为后续的养护方法的选择提供充足全面的参考信息。仅仅参考 PCI 数值，无法选择合适的养护方法。

另外，规范对修补类病害定义其权重为 0.1，包括纵横向裂缝、龟裂、块裂的修补，这就导致有些路段裂缝很多，但由于灌封及时将开裂类病害作为修补类病害按 0.1 的比重计入 PCI 值，其权重大大降低，而 PCI 指数仍被评为优良。但实际上，较大面积的开裂类病害往往表明结构已开始出现疲劳破坏，将以较快的速度衰变。路况调查中发现，很多修补的地方继续出现开裂，如图 2-4 所示。

a)

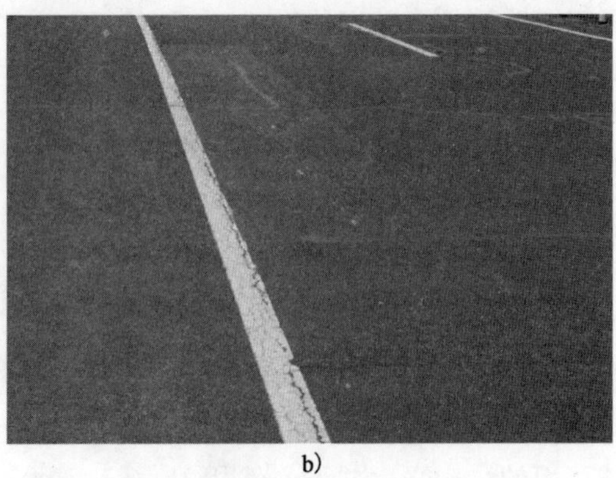
b)

图 2-4　修补处的继续开裂

为了区分相同 PCI 时,哪类病害占主导地位,建议提高修补的权重(按轻度开裂权重计),并统计开裂类病害(包括龟裂、纵横向开裂、块状开裂和修补)的数量,以该类病害的破损率(记为 DRc),作为大中修路段划分的一个参考指标。

(4)路面行驶质量指数

路面平整度用路面行驶质量指数(RQI)评价,按式(2-6)计算。

$$\mathrm{RQI} = \frac{100}{1 + a_0 \mathrm{e}^{a_1 \mathrm{IRI}}} \tag{2-6}$$

式中:IRI——国际平整度指数(International Roughness Index),m/km;

a_0——高速公路和一级公路采用 0.026,其他等级公路采用 0.0185;

a_1——高速公路和一级公路采用 0.65,其他等级公路采用 0.58。

从某高速公路历年的检测情况以及现场行车感受来看,IRI 为 2 ~ 3m/km 时,已经造成了明显的颠簸和不适;当 IRI > 3.5m/km 即 RQI < 80(达到规范的养护标准)时,多数路面已破损严重,路况指数 PCI 已经降低到 80 以下。根据《公路技术状况评定标准》(JTG 5210—2018),行驶质量指数 RQI 的计算模型有缺陷。平整度指数 IRI 从 1m/km 变化到 3m/km,RQI 仅从 95 下降到 85,评定均为优良。因此 RQI 的标准较宽,只能作为路段划分的辅助指标。平整度指数 IRI 与行驶质量指数 RQI 的关系曲线见图 2-5。

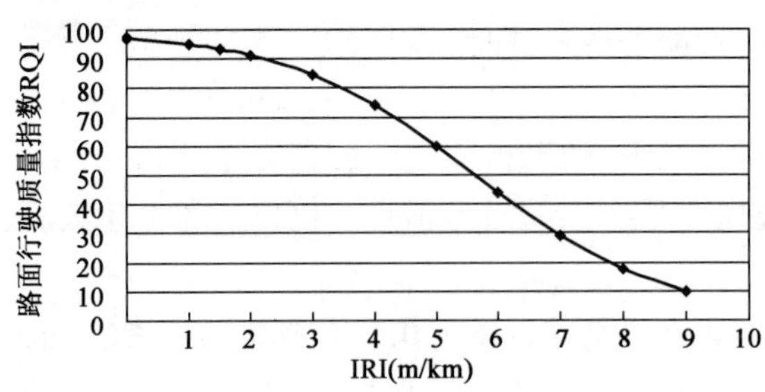

图 2-5　平整度指数 IRI 与行驶质量指数 RQI 的关系曲线

(5)剩余寿命

以上对三项评价指标 PSSI、PCI、RQI 进行了分析。结果表明,以单一的评价指标作为养护路段的划分标准难以得到合理的结果。应在路面结构强度指数 PSSI、路面状况指数 PCI、路面行驶质量指数 RQI 的基础上增加破损率 DRc、平整度指数 IRI 等指标辅助进行路段划分。由于增加的两项指标仅反映了表面的破损和使用性能，并不能很好地反映路面结构强度，而反映路面结构强度的唯一指标 PSSI 与路面破坏又没有很好的对应关系，因此需要增加一项有效的参考指标来划分大中修路段。

AASHTO 设计指南在进行结构加铺设计时，提出了用有效结构数 SN_{eff} 评估各路段的结构性能。根据有效结构数 SN_{eff} 可估算该路段能够经受今后多少年的轴载作用，即剩余寿命 RL，以年表示。

2.2.2　考虑剩余寿命决策示例应用

本节将介绍有效结构数 SN_{eff} 的评估方法，并通过计算结果与实际路况的对应情况，分析剩余寿命 RL 的适用性。

(1) 旧路结构性能评估方法

AASHTO 设计指南将任何降低路面承载能力的情况定义为结构性破坏。图 2-6 表明了结构损失的原理和有效结构性能。当路面为新建时，路面的结构性能定义为 SC_0。对于柔性路面，结构性能就是结构数 SN。对于刚性路面则是路面的板厚 D。路面的结构性能随着时间推移和交通量的作用而逐渐下降，到需要进行大中修或加铺设计时，路面的结构性能降低到 SC_{eff}，此时路面有效的结构性能定义为：柔性路面为 SN_{eff}；刚性路面和复合路面为 D_{eff}。

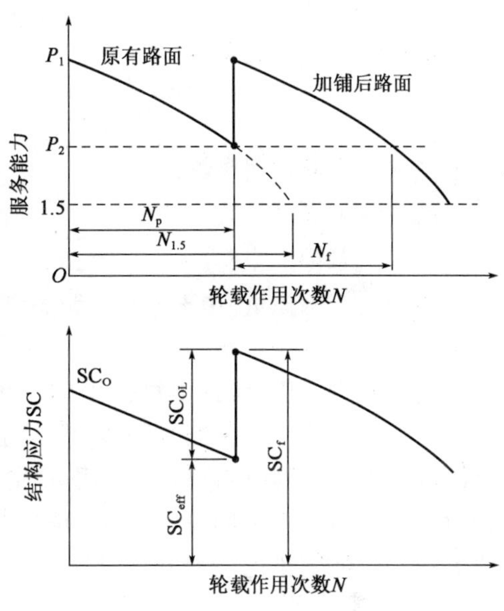

图 2-6　结构能力随时间和交通量发展的衰减图

评估有效结构性能必须考虑旧路面材料的状况，也要考虑这些材料将来的状况。AASHTO 推荐了以下三种有效的结构性能评估方法：

①基于现场调查和材料测试的结构性能评估。包括以破坏情况和排水情况调查为基础的对旧路面状况的评估，还包括钻芯取样和材料测试。

②基于无损弯沉测试的结构性能评估。利用 FWD 反算路面结构层强度并对实际厚度进行估算。

③基于路面疲劳破坏的结构性能评估。根据过去的交通量与轴载资料来评估旧路面的疲劳破坏，确定路面的剩余疲劳寿命。

本书对某路段全线进行了详细的 FWD 检测，共计 4750 点，为结构性能评估提供了充实的数据。因此，采用基于 FWD 检测的性能评估方法，计算各路段的有效结构数 SN_{eff}，并由此估算剩余寿命 RL。

(2) 基于 FWD 测试的剩余寿命估算

AASHTO 设计指南指出，道路的结构能力是路面总厚度和整体刚度的函数。利用 FWD 弯沉数据反算得到土基模量 M_r 和结构层有效模量 E_p，再根据下式确定沥青路面有效结构数 SN_{eff}，SN_{eff}、厚度和刚度之间的关系为：

$$SN_{eff}=0.0045D\sqrt[3]{E_p} \tag{2-7}$$

式中:D——路基上所有结构层的总厚度,in;

E_p——路基上路面结构层的有效模量,psi❶。

根据上述公式,计算得到每公里的有效结构数SN_{eff},并用AASHTO基本设计方程计算对应于该结构数的路面,尚可以承受多少轴载作用次数N。结合未来年限的轴载预测结果,估算其剩余寿命RL,按年计。

AASHTO设计方程如下:

$$\lg N=Z_R\times S_0+9.36\times\lg(SN+1)-0.2+\frac{\lg\left(\frac{\Delta PSI}{4.2-1.5}\right)}{0.4+\frac{1094}{(SN+1)^{5.19}}}+2.32\times\lg M_R-8.07 \tag{2-8}$$

式中:N——轴载作用次数;

Z_R——可靠度系数;

S_0——总标准差;

M_R——土基模量(由FWD反算得到)。

(3)剩余寿命RL分析

按照上述方法,计算了每公里的剩余寿命,归类后见表2-6。结果显示,剩余寿命为1~3年的多数集中在第四合同段,原因在于第四合同段设计时的预测交通量较第三、第五合同段要小,而实际运营后,该路段的交通量并没有比其他两个合同段小,导致路面结构相对实际交通量来说偏薄。另外,剩余寿命为1~3年的路段包含了病害较多的北段二级路K584~K600和东段某市区路段。可见,剩余寿命RL能够较好地反映路面的结构性能。

为进一步评价该指标的合理性,将剩余寿命RL与其他评价指标(PSSI和PCI)进行对比,分析其适用性,对比曲线见图2-7~图2-10。

基于FWD测试的剩余寿命分析结果 表2-6

剩余寿命(年)	1~3		4~8		8以上	
	起点	终点	起点	终点	起点	终点
左幅	K584	K600	K4075	K4078	K600	K653
	K3986	K3987			K3982	K3986
	K4043	K4046			K3987	K4043
	K4078	K4083			K4046	K4075
	K4090	K4110			K4083	K4090
	K4124	K4128			K4110	K4124
	K4130	K4137			K4128	K4130
					K4137	K4153
里程小计(km)	56		3		181	

❶ 150psi = 1MPa。

续上表

剩余寿命(年)	1~3		4~8		8 以上	
	起点	终点	起点	终点	起点	终点
右幅	K3986	K3988	K4001	K4018	K600	K653
	K4076	K4080	K4023	K4028	K3982	K3986
	K4090	K4110	K4036	K4044	K3988	K4001
	K4123	K4134	K4080	K4086	K4018	K4023
			K4110	K4114	K4028	K4036
			K4117	K4123	K4044	K4076
					K4086	K4090
					K4114	K4117
					K4134	K4153
里程小计(km)	37		46		141	

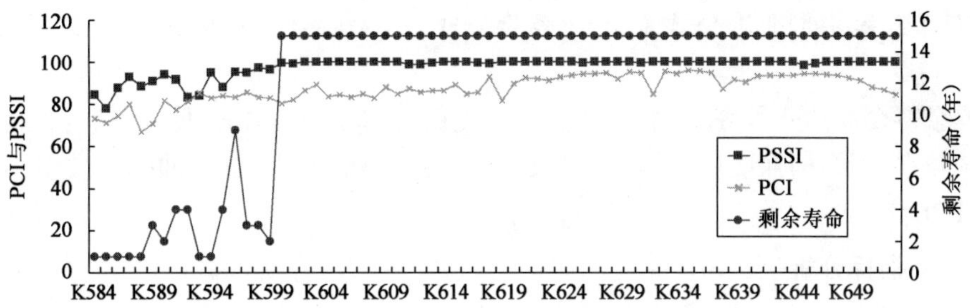

图 2-7　北段左幅各项指标比较

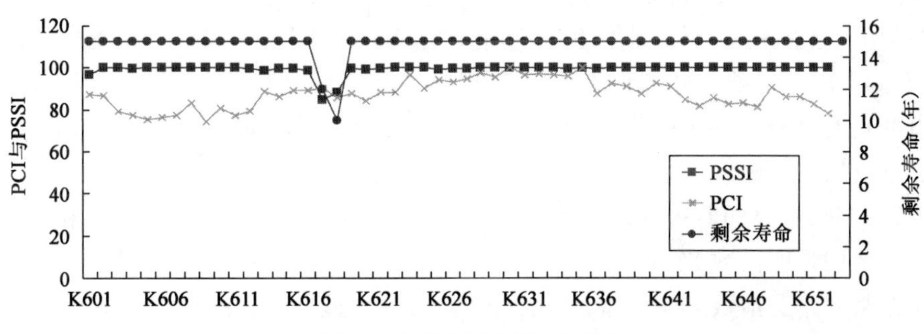

图 2-8　北段右幅各项指标比较

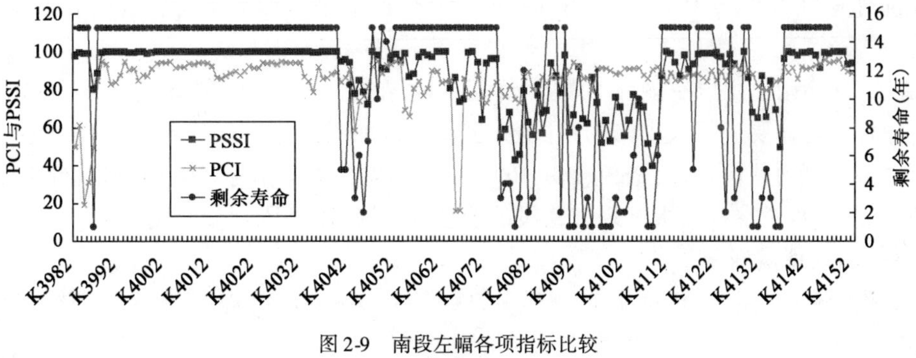

图 2-9　南段左幅各项指标比较

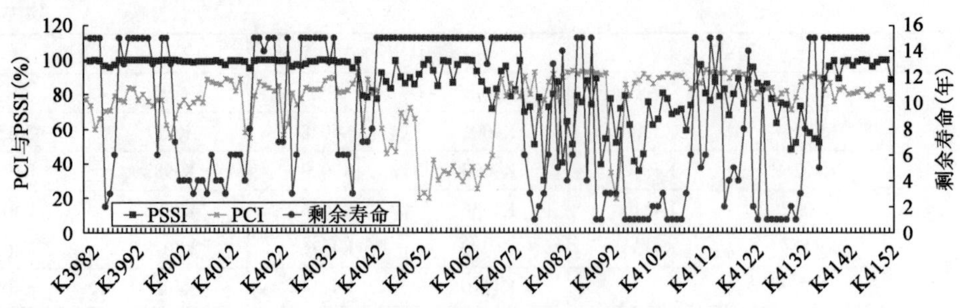

图 2-10　南段右幅各项指标比较

可以看出：

①剩余寿命的计算结果与路面结构强度指数 PSSI 和路况指数 PCI 的对应关系良好。剩余寿命低的路段表现出路面结构强度(PSSI)低或路面状况指数(PCI)小。另外,美国的路面结构与国内的路面结构有很大差别,很少有半刚性路面,而我国多为半刚性路面,而此 AASHTO 方程并非理论公式而属于经验公式,不太适合直接将国内的数据带入方程计算。

②剩余寿命高的路段,PSSI 和 PCI 多数为优良,也有部分 PCI 较低,包括两种情况:一是面层破损较多,但结构强度良好,病害仅限于面层;二是表面松散、泛油病害较多,导致使用性能差,PCI 较低。

2.2.3　指标分析

以上对我国《公路技术状况评定标准》(JTG 5210—2018)规定的路面结构强度指数 PSSI、路面状况指数 PCI、路面行驶质量指数 RQI 三项指标目前存在的问题进行了阐述和说明。同时按照美国 AASHTO 设计指南的旧路性能评估方法,引入剩余寿命 RL 指标。通过分析表明,剩余寿命既能反映基础的强度(土基模量)又能反映结构层的强度情况(结构层厚度和有效模量),并结合了未来的设计轴载,能够从多方面反应路面结构的实际状况,是一个较为理想的路段划分指标。为了说明此问题,下面针对某公路进行进一步分析。

我国《公路沥青路面养护规范》(JTJ 073.2—2001)中规定,对于高速公路和一级公路:

①路面结构强度指数 PSSI 为中以下(<70)的路段,需要进行大修补强。

②沥青路面路况指数 PCI 为中及其以下(<80)的路段,需要进行中修罩面。

③行驶质量指数 RQI 为中及其以下(<80)的路段,应采取罩面等措施改善路面的平整度。

④抗滑能力不足(SFC <40,即 SRI <80)的路段,应采取加铺罩面层等措施提高路面的抗滑能力。

AASHTO 指南提出以有效结构数评价旧路的结构性能,以此估算剩余寿命 RL。根据 RL 的区间,判定需要进行大中修的路段,并进行结构加铺设计。

下面将用国内评价指标(PSSI、PCI、RQI、SRI)和剩余寿命指标(RL)分别进行路段划分,对比论证,进一步考察各项指标划分路段的合理性,并提出路段划分原则。

(1)按国内规范划分

按照我国《公路沥青路面养护规范》(JTJ 073.2—2001),需要进行养护维修的路段见表 2-7。

国内规范的养护维修路段　　表 2-7

指标	PSSI < 70,大修补强		PCI < 80,中修罩面		RQI < 80,SRI < 80 罩面等处治	
左幅	起点	终点	起点	终点	起点	终点
	K4071	K4072	K584	K591	K4152	K4153
	K4075	K4086	K3982	K3987		
	K4090	K4104	K4034	K4035		
	K4107	K4110	K4043	K4044		
	K4130	K4137	K4054	K4056		
			K4065	K4067		
			K4072	K4073		
里程小计(km)	36		19		1	
右幅	起点	终点	起点	终点	起点	终点
	K4075	K4080	K603	K613	K4122	K4124
	K4083	K4110	K652	K653	K4150	K4151
	K4118	K4119	K3981	K3991		
	K4128	K4129	K3993	K4008		
	K4131	K4138	K4016	K4019		
			K4024	K4029		
			K4045	K4046		
			K4045	K4070		
			K4071	K4072		
			K4074	K4075		
			K4082	K4083		
			K4123	K4124		
			K4140	K4141		
			K4147	K4148		
			K4151	K4153		
里程小计(km)	41		78		3	

结果显示：

PSSI < 70 需要大修补强的路段,左幅有 36km,右幅有 41km,共计 77km。

PCI < 80 需要中修罩面的路段,左幅有 19km,右幅有 78km,共计 97km。

其他路段中,RQI < 80 和 SRI < 80 的左右幅共计 4km。

因此按国内规范的要求,需要进行大中修的路段共计 174km,需要罩面等处治措施的路段共计 4km。

(2)按剩余寿命 RL 划分

按照剩余寿命 RL,将路段划分为三类:剩余寿命为 1 ~ 3 年;剩余寿命为 4 ~ 8 年;剩余寿命为 8 年以上。分段结果见表 2-8。

按剩余寿命划分路段　　表 2-8

剩余寿命(年)	1~3		4~8		8 以上	
左幅	起点	终点	起点	终点	起点	终点
	K584	K600			K600	K653
	K3986	K3987			K3982	K3986
	K4043	K4046			K3987	K4043
	K4075	K4083			K4046	K4075
	K4090	K4110			K4083	K4090
	K4124	K4128			K4110	K4124
	K4130	K4137			K4128	K4130
					K4137	K4153
里程小计(km)	59		0		181	
右幅	起点	终点	起点	终点	起点	终点
	K3986	K3988	K4001	K4018	K600	K653
	K4076	K4080	K4023	K4028	K3982	K3986
	K4090	K4110	K4036	K4044	K3988	K4001
	K4117	K4119	K4080	K4086	K4018	K4023
	K4123	K4134	K4110	K4114	K4028	K4036
			K4119	K4123	K4044	K4076
					K4086	K4090
					K4114	K4117
					K4134	K4153
里程小计(km)	39		44		141	

结果显示：

剩余寿命 RL 为 1~3 年的路段，左幅有 59km，右幅有 39km，共计 98km。

剩余寿命 RL 为 4~8 年的路段，左幅有 0km，右幅有 44km，共计 44km。

剩余寿命 RL 为 8 年以上的路段，左幅有 181km，右幅有 141km，共计 322km。

(3)对比分析

从两种方法的路段划分结果可以看出，剩余寿命 RL 为 1~3 年的路段，包含了绝大多数 PSSI 为 70 以下的路段，该指标与 PSSI 指标的相关性良好。剩余寿命 RL 为 1~3 年的，还包含了部分 PCI 为 80 以下的路段，该类路段 PSSI 未达到 70 以下，但 FWD 检测表明，该路段的结构性能较差。

实际上，PSSI 和剩余寿命 RL 都是基于弯沉检测的评价指标，在理想状态下，两者的评判结果应该相同。但不同的是，PSSI 基于单点的回弹弯沉；而剩余寿命 RL 基于 FWD 的"弯沉盆"，FWD 每次测试得到 7 个不同位置的弯沉值。因此，由 FWD 测得的"弯沉盆"比单点的回弹弯沉更加可靠，能够大大减小单点弯沉测试的变异性。以下对剩余寿命 RL 划分结果与 PSSI、PCI 划分结果进行对比，论证引入剩余寿命指标 RL 的必要性。

①PSSI 与 RL

PSSI 小于 70，但剩余寿命大于 3 年的路段见表 2-9。表 2-9 显示，按国内规范划分为大修补强的路段，若剩余寿命大于 3 年，其路况指数 PCI 均大于 80，有的甚至高达 90 以上，路况处于优良状态。因此，引入剩余寿命指标 RL，能够将弯沉大而路况较好的路段排除大修范围。本项目该类路段共计 15km（半幅），若大修路段沥青面层加铺厚度按 10cm 计算，每公里造价 95 万 ~ 102 万元，能节省大修造价约 1500 万元。

PSSI 小于 70 且剩余寿命 RL 大于 3 年的路段　　表 2-9

方　向	起　点	终　点	PCI 均 值
左幅	K4071	K4072	81.3
	K4083	K4086	83.8
右幅	K4083	K4090	92.7
	K4134	K4138	90.7
合计	15km		—

②PCI 与 RL

PCI 小于 80，且剩余寿命为 1 ~ 3 年的路段见表 2-10。表 2-10 显示，按国内规范列入中修罩面的路段，若剩余寿命小于 3 年，则该路段的行驶质量均较差（平整度指数 IRI 均为 2.50m/km 以上），路面破损类病害多（破损率均大于 8%）。对于这类路段，简单的沥青罩面难以解决本质问题，建议纳入结构补强类路段，根据加铺层厚度设计结果，制定养护维修对策。事实上，第 5 章的加铺设计结果表明，按国内外设计方法计算得到左幅 K584 ~ K591 的加铺厚度均为 10cm 以上，若按照国内养护规范的对策要求，仅对该路段进行罩面处理，明显偏薄。

PCI 小于 80 且剩余寿命 RL 小于 3 年的路段　　表 2-10

方　向	起　点	终　点	IRI（m/km）	DRc（%）
左幅	K584	K591	2.74	11.69
	K4043	K4044	3.00	10.94
右幅	K3981	K3991	2.50	8.00

分析结果表明：

①采用剩余寿命指标 RL 辅助划分大中修路段，能够有效剔除 PSSI 较大而路况较好的路段，节省大量养护资金。

②采用剩余寿命指标 RL 辅助划分大中修路段，能够将部分路况差但弯沉小的路段纳入大修补强范围，保证了养护维修对策的有效性。

基于 FWD 弯沉测试的剩余寿命指标 RL，能够检验测试路段的结构性能，对于路面结构强度评价指标 PSSI 是个有效的补充。建议将剩余寿命指标 RL 作为路段划分的检验指标。

2.3　预防性养护决策示例应用

宁波绕城东段高速公路是国家高速公路网沈海高速（G15）和杭州湾环线（G92）的一部分，起自甬台温高速公路的姜山北互通，接宁波绕城高速公路西段终点，经云龙、五乡、好思房、临江、沙河,至于颜家桥,全长44.424km,连接甬台温复线,甬台温高速公路、穿山疏港高速公路及甬舟高速公路,是杭州湾南岸高速公路网核心的重要组成部分。全线共有86座桥梁、7座收费站以及11个互通区,分为双向六车道和八车道两类。

为了进行路面预防性养护规划,首先参考国内外高速公路路面养护规划经验,提出合理的分段指标,根据历年路况检测结果,对本项目全线路面进行路段划分,确定日常养护、预防性养护、大中修路段,并针对宽幅桥面做特殊处理;采用费用效益分析及项目级综合评判法分别对所有可行的预防性养护措施做进一步分析,确定适合该路段的预防性养护措施;最后采用效益费用分析方法确定最佳预防性养护时间,完成本项目的路面预防性养护规划。

2.3.1 养护规划模型及路段划分

(1)路段划分标准

《公路技术状况评定标准》(JTG 5210—2018)中沥青路面状况评价指标主要有路面损坏状况指数PCI、路面行驶质量指数RQI、路面车辙深度指数RDI、路面抗滑指数SRI及路面结构强度指数PSSI五项指标,其中PCI、RQI、RDI、SRI主要反映了路面使用性能特性,PSSI则反映了路面结构特性。因此,将路况指标分为两类,即路面使用性能指数和路面结构性能指数。各项指标的评价标准分优、良、中、次、差五个等级,对应的标准见表2-11。

分项指标评定标准 表2-11

评价等级	优	良	中	次	差
各分项指标	≥90	≥80,<90	≥70,<80	≥60,<70	<60

路面技术状况随着使用期的延长和轴载次的累积会逐渐下降,当下降到设定标准时便触发预防性养护。参考宁波交工集团主持的“宁波高速公路沥青路面预防性养护关键技术研究”科技项目的研究成果“基于强制决定法的强制判定以及对实际道路性能指标”分析,结合当地沥青路面养护习惯,预防性养护宏观路况要求可选择结构强度指数PSSI、路面状况指数PCI、路面行驶质量指数RQI三项指标。鉴于PCI反映路面状况的综合性,在确定沥青路面是否需要预防性养护时,以PCI为判断性指标,以PSSI、RQI为判定性指标,即在PSSI、RQI满足要求的前提下,可以对路面采取预防性养护,具体标准见表2-12。

沥青混凝土路面预防性养护宏观路况标准 表2-12

路况指标	标准	类型
PCI	85~92	判断性指标
PSSI	80~100	检验性指标
RQI	80~100	检验性指标

依据预防性养护路况标准结合本书的实际情况,按照下述指标,将预防性养护路段选取指标进一步划分,划分原则如下:

①不适合预防性养护的路段

路面状况指数PCI<85或路面结构强度PSSI、路面行使质量指数RQI小于80。

②适合预防性养护路段

路面状况指数 85 ≤ PCI ≤ 92，且路面结构强度 PSSI ≥ 80 和路面行使质量指数 RQI≥80。

③日常养护路段（远期养护规划）

路面状况指数 PCI > 92，且路面结构强度 PSSI≥80 和路面行使质量指数 RQI≥80。

根据以上原则，本项目路段划分的标准见表 2-13。

本项目沥青路面路段划分标准　　表 2-13

路况指标	预防性养护	日常养护	路况指标	预防性养护	日常养护
PCI	85 ~ 92	> 92	RQI	≥80	≥80
PSSI	≥80	≥80			

（2）路面性能衰变预估

①分析指标选择

由于本项目养护路段划分采用了路面状况指数 PCI、路面结构强度 PSSI 及路面行使质量指数 RQI 三个指标。此外，路面质量指数 PQI 为本次规划的分项考核指标，综合反映路面的各方面性能。结合历年数据的衰变情况，将 PCI、PQI 等指标作为路面性能分析与预测的主要指标。

②养护前路面性能衰变方程

基于本项目近四年路况检测数据，采用多项式、对数型模型，建立 PCI、PQI 等指标的路面性能衰变方程，具体如表 2-14 所示。需要说明的是，由于 2016 年下半年养护单位对路段实施了较多的养护工程，路况较往年有所提升。为了使模型更具科学性，在此选择数据呈基本自然衰减规律的连续 3 年的数据进行回归。

路面性能衰变方程　　表 2-14

性能指标	性能衰变方程	性能指标	性能衰变方程
PCI	$y = -0.2x^2 + 1.18x + 96.54$	PQI	$y = -3.25\ln x + 99.4$

各性能衰变曲线图形具体如图 2-11 所示。

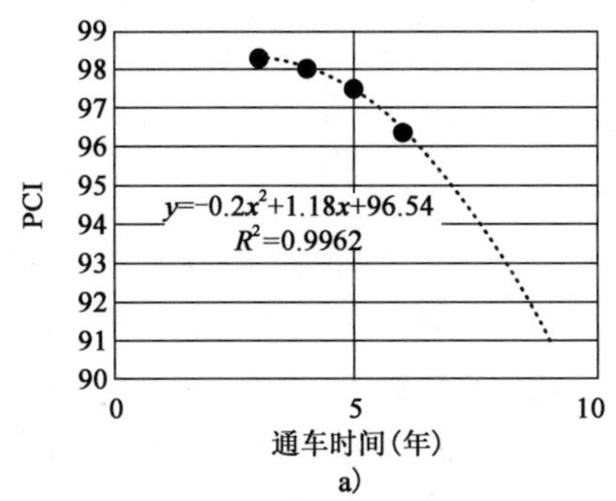

a)

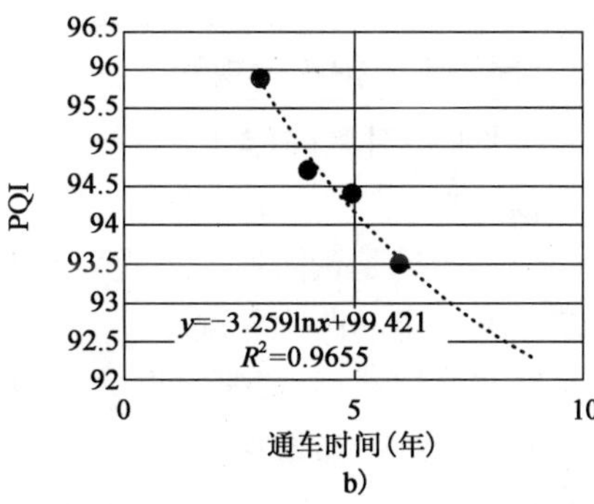

b)

图 2-11　路面性能衰变曲线

(3)养护路段划分

基于本项目历年检测数据及路况评定结果,依据表2-15及表2-16的路段划分标准与原则,本项目规划年度的路段划分结果见表2-15。

本项目规划年度路面养护路段划分结果表 表2-15

行车方向	日常养护		预防性养护	
	起点桩号	终点桩号	起点桩号	终点桩号
上行	K13 +000	K15 +000	K10 +304	K13 +000
	K17 +000	K20 +000	K15 +000	K16 +000
	K21 +000	K25 +000	K20 +000	K21 +000
	K27 +000	K30 +000	K25 +000	K27 +000
	K31 +000	K49 +000	K30 +000	K31 +000
	K51 +000	K52 +000	K50 +000	K51 +000
	K53 +000	K54 +421	K52 +000	K53 +000
里程小计(km)	32.421		9.696	
下行	K12 +000	K29 +000	K11 +000	K12 +000
	K33 +000	K54 +421	K29 +000	K33 +000
里程小计(km)	38.421		5	

统计各类型的路段划分结果如表2-16所示。

本项目规划年度养护路段划分统计表 表2-16

行车方向	各类型养护路段长度(km)	
	日常养护	预防性养护
上行	32.421	9.696
下行	38.421	5

由上可知,本项目路面养护路段初步划分结果中,日常路段所占的比例最多,其次为预防性养护。

2.3.2 预防性养护路段规划

(1)预防性养护对策确定

①建立预防性养护对策库

预防性养护措施是预防性养护规划实施的手段,是预防性养护对策选择和确定的主体,它直接决定了在特定的路面状况条件下是否有对策可选。目前国内沥青路面常用的预防性养护措施有同步薄层罩面,稀浆封层,微表处,碎石封层,复合封层,纤维碎石封层,薄热拌沥青混凝土罩面,雾封层,渗透型溶剂封层等。这些预防性养护措施各自适用于不同的功能性恢复,其优点在于施工简便、工期短,对社会、交通和环境几乎没有影响,并且从长期来看,具有明显的经济性优势,如表2-17所示。

高速公路沥青路面预防性养护对策库　　表2-17

项　目			参　数	预防性养护对策										
				Ⅰ	Ⅱ	Ⅲ	Ⅳ	Ⅴ	Ⅵ	Ⅶ	Ⅷ	Ⅸ	Ⅹ	Ⅺ
AADT (pcu/d)			<1000	●	●	●	●	●	●	●	●	●	●	●
			1000~5000	●	●	●	●	●	●	●	●	●	●	●
			>5000	●		●			●	●	●		●	●
路面主导损坏类型及程度	裂缝类	细小裂缝	—	●	●	●			●	●		●	●	
		纵向裂缝	轻	●	●	●	●	●	●	●	●			
			中	●			●		●	●	●			
			重	●						●				
		横向裂缝	轻	●	●	●	●	●	●	●	●			
			中	●			●		●	●	●			
			重	●						●				
		块状裂缝	轻	●	●		●	●	●	●	●			
			中	●			●		●	●	●			
			重	●						●				
		疲劳裂缝	轻				●		●		●			
			中				●		●		●			
			重											
		车辙(mm)	<5	●	●	●				●				
			5~15	●	●	●				●				
			15~25			●								
	变形类	不平整	轻	●		●	●	●	●	●				
			中											
			重											
	表面损坏类	唧浆坑槽	轻	●	●	●	●	●	●	●		●	●	●
			中	●	●	●				●		●		●
			重	●						●				●
		老化	轻	●	●	●	●	●	●	●		●	●	
			中	●	●	●	●	●	●	●		●		
			重	●						●				
		泛油	轻	●		●	●	●	●	●				
			中	●			●	●	●	●				
			重	●						●				
		磨光	—	●		●	●	●	●	●				
		抗滑损失	—	●	●	●	●		●	●				
		路面渗水	—	●			●		●	●		●	●	
		表面磨耗	—	●			●	●	●	●				
	其他类	补丁	轻	●		●	●	●	●	●				●
			中	●						●				●
			重											●

注：对策库中各符号对应的预防性养护对策为：Ⅰ同步薄层罩面，Ⅱ稀浆封层，Ⅲ微表处，Ⅳ碎石封层，Ⅴ复合封层，Ⅵ纤维碎石封层，Ⅶ薄热拌沥青混凝土罩面，Ⅷ封缝或灌缝，Ⅸ雾封层，Ⅹ渗透型溶剂封层，Ⅺ冷补料。

②预防性养护对策库选取

为了保证预防性养护措施的使用效果和技术优势，在预防性养护对策选择方法确定和预防性养护对策选择过程中需要遵循以下原则：

a. 技术上满足要求。即预防性养护措施在技术上是适用的，它能够满足路面状况、交通量、公路等级等技术要求，使其能充分发挥其应有的预防性养护性能。

b. 经济上比较节约。即在满足技术要求的前提下，应选择效益费用良好的预防性养护措施，降低养护成本。

c. 性能符合工程实际要求。即所采用的预防性养护措施能反映具体公路管理单位对路面养护质量和效果的要求，以及满足公路用户对预防性养护路段路面使用性能的特定要求。

本书设计标准为高速公路，设计行车速度为120km/h。基于对主路路面、桥面的划分，参考预防性特点及养护对策库，选取针对本书预防性养护的对策库包括：稀浆封层、微表处、碎石封层、封缝或灌缝、同步薄层罩面、渗透型溶剂封层、同步纤维磨耗层。

③预防性养护对策确定

本书预防性养护对策的确定，采用"高速公路沥青路面预防性养护关键技术研究"科技项目成果，在充分考虑预防性养护路段主要病害的基础上，通过等效费用效益分析法及项目级综合评判法对本书适合预防性养护路段进行最佳养护措施分析，选取确定一种最为科学合理的预防性养护措施。

a. 等效年度费用效益法(简称EAC)

预防性养护措施费用包括所有与实施预防性养护措施有关的费用，主要包括设计费(含室内试验费)、材料费、施工费(含原路面处理费)和交通管制费等。同一种预防性养护措施应用于不同路况和交通量的公路，由于原路面处理费和所使用的材料可能不同，因而其费用一般也不相同。

依据国内外预防性养护研究，结合预防性养护措施工程实施经验，将各类预防性养护措施的费用和使用寿命范围值进行总结归纳，具体见表2-18。

常用预防性养护措施的使用寿命与单位费用范围 表2-18

序号	预防性养护对策	使用寿命(年)	单位费用(元/m^2)
1	同步薄层罩面	3~5	45~55
2	稀浆封层	2~4	18~22
3	微表处	2~4	23~33
4	碎石封层	2~4	13~20
5	复合封层	3~5	28~40
6	纤维碎石封层	2~4	25~38
7	薄热拌沥青混凝土罩面	3~5	50~60
8	雾封层	1~2	8~14
9	渗透型溶剂封层	2~4	25~30
10	同步纤维磨耗层	3~5	39~45

根据路段的病害严重程度，选取适当的使用寿命及养护费用，计算不同措施的等效年度费用效益 EAC。一般而言，EAC 越低，预防性养护措施的经济性越好，因此，应优先选择 EAC 较小的预防性养护措施。等效年度费用效益见表 2-19。

等效年度费用效益　　表 2-19

预防性养护措施	单位费用(元)	使用寿命(年)	EAC
同步薄层罩面	40～50	5	10.00
微表处	20～28	2	14.00
纤维碎石封层	25～38	3	12.67
薄热拌沥青混凝土罩面	50～60	4	13.75
渗透型溶剂封层	25～35	3	11.6
同步纤维磨耗层	35～45	4	11.25

等效年度费用效益分析的结果显示，同步薄层罩面、同步纤维磨耗层具有相对较低的 EAC 值。

b. 项目级综合评判法

预防性养护措施的选择除了与路面状况、交通等级等基本要求有关，还应考虑与工程条件密切相关的因素（包括可获得的材料、施工质量、耐久性、交通干扰、行驶舒适性、抗滑性能、噪声和美观八项）影响，即采用项目级综合评判法选择合适的影响因素，确定每个因素的权重系数和分值范围，然后根据具体工程条件对每个因素进行打分，最后加权得到一个综合的评判系数，综合评判系数 K 最大的即为最佳对策方案。

针对需要进行预养护路段的病害问题，选取适当的权重系数，计算不同养护措施的综合评判系数 K，最大值对应的即为最佳预养护措施。

各项养护对策的 K 值计算结果见表 2-20。结果显示，同步薄层罩面具有最高的得分，K 值为 4.7。考虑到交通量、已有病害等因素，因此，采用同步薄层罩面技术为最佳预防性养护措施。

综合评判系数 K 值计算　　表 2-20

影响因素	同步纤维磨耗层	同步薄层罩面	权　重
可获得的材料	4	4	0.1
施工质量	5	5	0.2
耐久性	5	5	0.2
交通干扰	3	5	0.1
行驶舒适性	5	4	0.2
抗滑性能	4	5	0.1
噪声	4	5	0.05
美观	5	5	0.05
K 值	4.55	4.7	—

(2)预防性养护时机确定

在确定了对路面采取何种预防性养护措施后,何时实施就成了关键。在同一路面的不同路况下应用预防性养护措施会产生不同的效果,即存在最佳养护时间。预防性养护措施采取得太晚则路面结构已破坏,采取得太早则浪费资料,还会引起泛油、车辙等路面损坏问题。路面预防性养护措施采取的最佳时间应该是在投入的成本能够发挥最大效益时。可通过使用有限的资金来延长及提高路面的使用性能。预防性养护时间的确定与路面状况、路面性能指标的衰变和预防性养护措施技术特征等密切相关。

养护规划中,确定路面预防性养护的最佳时机以路面技术状况为基础,当路面技术状况下降到预定标准时,则要进行预防性养护。

①预防性养护效益

最佳预防性养护时间分析中最关键的是预防性养护的路况指标衰变方程。由于历年检测 RQI 时所使用的检测仪器不同、差别较大、变化规律性不强,所以此次预防性养护效益计算时只采用 PCI 指标。根据国内外相关研究,本书预防性养护的衰变方程采用式(2-9)所示的模型,即:

$$PCI = PCI_0\left[1 - e^{-\left(\frac{a}{x}\right)^b}\right] \tag{2-9}$$

式中:PCI——路面状况指数;

PCI_0——路面新建或最近一次大、中修后某路面状况指数的数值;

x——自路面新建或最近一次大、中修到计算时的使用时间,年;

a、b——待定参数。

路况衰变模型确定后,要得到衰变方程,关键是确定模型的参数,本书采用历年的检测数据进行回归标定,确定参数。

通过对本项目路面 PCI 数据分析计算,该路在 2013—2016 年均进行过路况调查。因此,本书利用这四年的数据计算结果即可确定衰变方程参数。

根据国内对新近修建公路的 PCI 检测数据的统计,高等级公路使用 1 年后路面的 PCI 平均降低 2.55,将初始 PCI 值减去降低数值后的 PCI 作为本书预防性养护后第 2 年的 PCI 数值,见表 2-21。

预防性养护后的 PCI 表 2-21

原 路 面	预防性养护后(第 1 年)	预防性养护后(第 2 年)
85 ~ 92	95	92.45

对路面适合进行预防性养护路段的原路面状况指数 PCI 衰变曲线及采用预防性养护措施后路面的衰变曲线进行回归。原路面 PCI 回归方程及预防性养护时间范围见表 2-22,采用预防性养护措施后路面 PCI 衰变方程及预防性养护时间见表 2-23。

原路面 PCI 衰变方程及预防性养护时间 表 2-22

路段类别	参数		预防性养护时间范围(年)	
	a	b		
预防性养护路段	13.48	2.08	5.2	7.3

路面预防性养护后 PCI 衰变方程　　表 2-23

路段类别	预防性养护年限(年)	参数	
		a	b
预防性养护路段	5	16.32	1.24
	6	16.91	1.47
	7	17.17	1.70
	8	17.66	1.93

计算得到不同预防性养护时间方案的效益 PBI,见表 2-24。

不同预防性养护时间方案的 PBI 值　　表 2-24

路段类别	预防性养护年限 PBI 值			
	5 年	6 年	7 年	8 年
预防性养护路段	—	68.11	64.24	58.96

②预防性养护费用

由于每年所发生的日常养护费用不明确,因此各预防性养护方案所发生的费用项目只考虑预防性养护费用。预防性养护费用列于表 2-25。

预防性养护的单位费用　　表 2-25

预防性养护措施	预防性养护的单价(元/m^2)
同步薄层罩面	45

可计算得到各时间方案的当量平均年度养护费用,见表 2-26。

不同预防性养护时间方案的 EUAC 值　　表 2-26

路　　段	不同预防性养护年限 EUAC			
	5 年	6 年	7 年	8 年
预防性养护路段	—	9.46	10.66	9.85

③预防性养护效益费用比(BCR)

在求得不同预防性养护时间方案的效益 PBI 和当量平均年度费用 EUAC 后,计算得到不同预防性养护时间方案的效益费用比,见表 2-27。

不同预防性养护时间方案的效益费用比 BCR 值　　表 2-27

路　　段	不同预防性养护年限 BCR 值			
	5 年	6 年	7 年	8 年
预防性养护路段	—	7.20	6.03	5.86

由以上计算得到不同预防性养护时间方案的效益费用指数 BCR 值,选择效益费用比最大的年限为最佳预防性养护年限。根据表 2-28 计算的结果,结合本书中各路段于 2013 年底通车,最佳预防性养护年限为 2019 年。

(3)预防性养护方案

综合预防性养护措施及时机的确定,统计得到本书中各路段预防性养护方案,见表 2-28。

预防性养护规划方案 表 2-28

<table>
<tr><th>行车方向</th><th>起点桩号</th><th>终点桩号</th><th>预防性养护措施</th><th>预防性养护年限</th><th>里程(km)</th></tr>
<tr><td rowspan="7">上行</td><td>K15 +000</td><td>K16 +000</td><td rowspan="9">同步薄层罩面</td><td rowspan="9">2019 年</td><td rowspan="7">9.696</td></tr>
<tr><td>K25 +000</td><td>K27 +000</td></tr>
<tr><td>K10 +304</td><td>K13 +000</td></tr>
<tr><td>K20 +000</td><td>K21 +000</td></tr>
<tr><td>K30 +000</td><td>K31 +000</td></tr>
<tr><td>K50 +000</td><td>K51 +000</td></tr>
<tr><td>K52 +000</td><td>K53 +000</td></tr>
<tr><td rowspan="2">下行</td><td>K11 +000</td><td>K12 +000</td><td rowspan="2">5</td></tr>
<tr><td>K29 +000</td><td>K33 +000</td></tr>
</table>

注:根据各年度养护经费平衡的考虑,个别路段的预防性养护年限会进行调整。

第 3 章　同步薄层罩面混合料技术研究

随着我国道路交通事业的快速发展,重载、超载现象日趋严重,沥青路面的寿命衰减速度加快,直接影响到行车的舒适性和安全性。因此,如何改善已建高等级公路的路面使用功能是公路养护行业普遍关注的问题之一。同步薄层罩面是采用专用机械将高黏改性乳化沥青和改性热拌沥青混合料同步喷洒并摊铺到路面上的一种薄层沥青路面结构。

本章就同步薄层罩面原材料技术要求、影响沥青混凝土薄层罩面配合比设计的相关因素进行分析,并确定其级配组成。

3.1　同步薄层罩面原材料技术要求

同步薄层罩面包含骨架空隙型同步薄层罩面和骨架密实型同步薄层罩面。骨架空隙型同步薄层罩面由矿料与 SBS 改性沥青结合料拌和而成,骨架密实型同步薄层罩面由矿料与高黏高弹改性沥青结合料拌和而成。骨架空隙型同步薄层罩面适用于各级公路的路基路面罩面、隧道罩面、桥面铺装层罩面等。各级公路水泥混凝土路面和桥面铺装层罩面、较多裂缝病害的沥青路面罩面应优先使用骨架密实型同步薄层罩面。

同步薄层罩面面层比较薄,又需要具有良好的路面抗滑性能、降噪功能并作为封水层等,因此需要选择优良的原材料。

3.1.1　粗集料

粗集料应选用三级以上的石料扎制而成的碎石,同步薄层罩面混合料对粗集料的抗压碎值要求高,粗集料的选用宜就地取材,采用抗滑耐磨、棱角性好、颗粒形状规则的玄武岩或辉绿岩,也可使用优质花岗岩,但使用花岗岩时,宜采取必要的抗剥落措施,粗集料技术指标满足表 3-1 的要求。

同步薄层罩面混合料用粗集料技术要求　　表 3-1

试验项目		单　位	技术要求	试验方法
石料压碎值	不大于	%	24	T 0316
洛杉矶磨耗损失	不大于	%	25	T 0317
微狄法尔磨耗损失①	不大于	%	18	ASTM TP 58
表观相对密度②	不小于	—	2.6	T 0304
吸水率	不大于	%	2.0	T 0304
坚固性	不大于	%	12	T 0314
单个破碎面	不小于	%	100	T 0361
两个或多个破碎面	不小于	%	90	T 0361

续上表

试验项目		单位	技术要求	试验方法
针片状颗粒(3:1)含量(混合料)[③] 其中粒径大于9.5mm 其中粒径小于9.5mm	不大于 不大于 不大于	% % %	13 12 15	T 0312
水洗法粒径 <0.075mm 的颗粒含量	不大于	%	1	T 0310
软石含量	不大于	%	3	T 0320

注:①考虑到某些粗集料浸水后具有更大的磨耗损失,因此试验在水中进行。美国的经验表明,某些粗集料能够满足洛杉矶磨耗的要求,但不能满足微型狄法尔磨耗损失的要求。因此,微狄法尔磨耗损失为同步薄层罩面粗集料的强制性要求。

②对于多孔玄武岩及视密度大于 $3.0t/m^3$ 的玄武岩,应慎用;对于两种掺配集料,如视密度差值大于 $0.2t/m^3$ 不宜混合使用。

③针片状颗粒含量最好小于10%,禁止超过15%。

黏附性差的粗集料应采取抗剥落措施,保证满足表3-2的要求。

粗集料磨光值、与沥青的黏附性技术要求 表3-2

雨量气候区		1(潮湿区)	2(湿润区)	3(半干区)	4(干旱区)	试验方法
粗集料的磨光值 PSV 中等及以上轻交通	不小于	42 39	40 38	38 37	36 36	T 0321
粗集料与沥青的黏附性 中等及以上交通的表面层 其他	不小于	 5 4	 5 4	 4 3	 3 3	T 0616

对于同步薄层罩面沥青混合料磨耗层系统,采用间断级配,不仅对粗集料嵌挤能力要求高,其对集料磨耗损失的要求需要进一步验证,在满足洛杉矶磨耗的要求下,还需进行微狄法尔磨耗测试。由于国内没有微狄法尔磨耗测试方法,下面对其方法作一简单介绍。

微狄法尔磨耗试验为一定数量试样经水浸泡1h后,与5kg、9.5mm的钢球及2.0L水同时在罐里搅动,罐的容积为5L,内径为194mm±2mm,内部高度为170mm±2mm。转速为每分钟100次,试验时间根据样品的不同有所调整,搅动完成后冲洗烘干石料,然后计算通过1.18mm筛的石料质量和原始质量的比值。

对于不同的公称粒径,微狄法尔磨耗试验要求不同的样品。不同公称粒径混合料样品制作方法见表3-3。

不同公称粒径混合料样品制作方法 表3-3

通过下列筛孔(mm)	保留在下列筛孔(mm)	质量(g)
9.5	6.3	750
6.3	4.75	750

微狄法尔磨耗的测试要点如下:

(1)称取1500g±5g样品,记录质量 A。

(2)将样品浸泡在20℃的水中,至少1h,水量为2.0L±0.05L。

(3)将第(2)步骤中的样品和水倒入磨耗容器中,并放入5000g±5g的钢球。

(4)对于上述样品运行95min ±1min。

(5)将样品倒入4.75mm和1.18mm叠和的筛上,冲洗样品至所有1.18mm已过筛,将钢珠取出。

(6)将4.75mm和1.18mm筛上的材料合并。

(7)在110℃ ±5℃的烘箱中将样品烘干。

(8)称重,并记录为质量B。

微狄法尔磨耗损失通过下式计算:

$$\text{Percent LOSS} = \frac{A-B}{A} \times 100\% \tag{3-1}$$

3.1.2 细集料

细集料应洁净、干燥、无风化、无杂质,具备合适的颗粒级配。由于天然砂颗粒基本上是球形的,不具有良好的棱角性,因此在同步薄层沥青混合料选用的直径小于4.75mm的细集料必须采用机制砂。机制砂(100%破碎加工而成的),具有很好的嵌挤能力,有利于提高混合料的高温稳定性。同步薄层罩面使用的细集料技术指标应符合表3-4的规定。

同步薄层罩面混合料用细集料质量技术要求 表3-4

试验项目		单位	技术要求	试验方法
表观相对密度	不小于	t/m^3	2.60	T 0328
坚固性(粒径>0.3mm部分)	不大于	%	12	T 0340
含泥量(粒径<0.075mm的含量)	不大于	%	3	T 0333
砂当量	不小于	%	65	T 0334
亚甲蓝值	不大于	g/kg	2	T 0349
棱角性(流动时间)	不小于	s	30	T 0345

3.1.3 填料

同步薄层罩面沥青混合料的填料必须采用石灰岩或岩浆岩中的强基性岩石等憎水性石料经磨细得到的矿粉。矿粉在同步薄层罩面沥青混合料中,起到填充部分空隙、吸附沥青、增加集料之间黏结的作用。矿粉应干燥、洁净,能自由地从矿粉仓流出,其质量应符合表3-5的规定。

同步薄层罩面混合料用矿粉技术要求 表3-5

试验项目		单位	技术要求	试验方法
表观密度	不小于	t/m^3	2.50	T 0352
含水量	不大于	%	1.0	T 0103 烘干法
粒度范围 <0.6mm <0.15mm <0.075mm		% % %	100 90~100 75~100	T 0351
外观		—	无团粒结块	—
亲水系数		—	<1	T 0353
加热安定性		—	实测记录	T 0355

提高集料的黏附性,可掺加矿料总质量的1% ~2%的消石灰或水泥。

3.1.4 改性沥青

同步薄层罩面混合料可使用SBS改性沥青、高黏改性沥青、橡胶改性沥青等,具体品种可根据当地气候条件、交通荷载条件选用。当罩面有抗裂需求时,宜采用高黏改性沥青。聚合物改性沥青技术指标应符合表3-6的规定,橡胶改性沥青技术指标应符合表3-7的规定。

同步薄层罩面混合料用改性沥青质量要求　　表3-6

试验项目		单位	技术要求		试验方法
			SBS改性沥青	高黏改性沥青	
针入度(25℃,100g,5s)		0.1mm	50~80	40~70	T 0604
延度(5℃,5cm/min)	不小于	cm	30	40	T 0605
软化点	不小于	℃	75	90	T 0606
运动黏度(135℃)		Pa·s	1.0~3.0	—	T 0625,T 0619
60℃动力黏度	不小于	Pa·s	—	200000	T 0620
闪点	不小于	℃	230		T 0611
溶解度	不小于	%	99		T 0607
弹性恢复(25℃)	不小于	%	85	95	T 0662
60℃复合剪切模量 G^*	不小于	kPa	—	12	T 0628
储存稳定性					
离析(48h软化点差)*	不大于	℃	2.5		T 0661
TFOT(或RTFOT)后残留物					
质量变化	不大于	%	±0.5	±1.0	T 0610或T 0609
针入度比(25℃)	不小于	%	75	70	T 0604
延度(5℃)	不小于	cm	20	25	T 0605
SHRP PG分级		—	≥PG 70-22	≥PG 88-22	—

注:*采用干拌工艺时可不检测离析(48h软化点差)指标。

同步薄层罩面混合料用橡胶改性沥青质量要求　　表3-7

试验项目		单位	技术要求	试验方法
针入度(25℃,100g,5s)		0.1mm	50~70	T 0604
软化点(R&B)	不小于	℃	60	T 0606
延度(5℃,5cm/min)	不小于	cm	20	T 0605
旋转黏度(180℃)		Pa·s	1.0~3.0	T 0625
弹性恢复(25℃)	不小于	%	60	T 0662

相较于针入度评价体系,通过PG分级体系选取的改性沥青更加贴近实际道路使用性能要求。但由于针入度评价体系与PG分级体系之间没有明确的对应关系,无法通过针入度、软化点、延度等指标直接换算沥青的PG等级,因此在有条件的情况下,建议采用PG性能试验及方法选取适宜的沥青。

同步薄层罩面作为磨耗层，直接承受外力荷载作用，对沥青的性能要求较高，故需在充分考虑极端气温条件确定的性能等级基础上，适当提高 1 ~ 2 个 PG 高温等级。

同步薄层罩面系统整体设计在有条件地区宜优先采用 SHRP 性能指标选择改性沥青。南方地区宜使用 PG 高温等级大于 82、低温等级小于 -22 的改性沥青，北方地区宜使用 PG 高温等级大于 76、低温等级小于 -28 的改性沥青。

3.2　混合料设计参数研究

3.2.1　工艺对级配的要求

良好的级配是沥青混合料性能的重要保证。图 3-1 为同步薄层罩面磨耗层混合料摊铺工艺和磨耗层成型过程。从图中可明显看出同步薄层罩面成型乳化沥青气化上升，包裹在混合料周围，随着水分的蒸发，乳化沥青迅速破乳，一方面促使混合料颗粒和原有路面牢固黏结，另一方面也封闭了混合料下部的空隙。

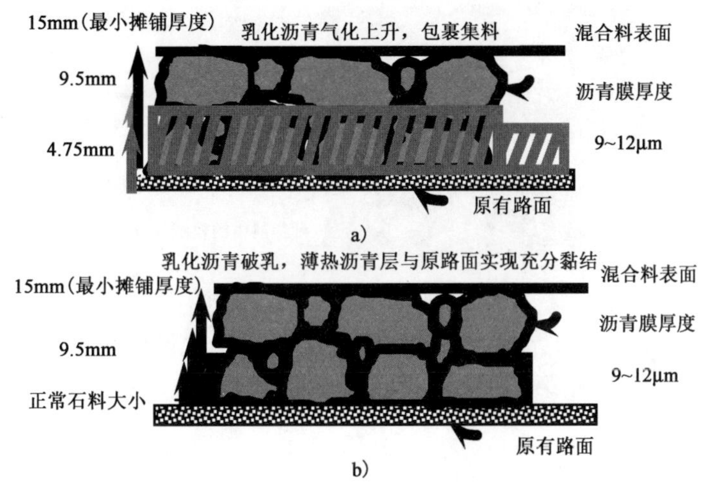

图 3-1　同步薄层罩面混合料成型示意图

从同步薄层罩面混合料成型的过程来看，有以下两个问题需要考虑：

(1)乳化沥青的固含量为 55% 以上，由于乳化沥青本身的特点，其固含量不会超过 70%，这意味着乳化沥青中含有 30% ~ 45% 的水。如果喷洒量为 1.0L/m²，在混合料设计中如何考虑 0.3 ~ 0.45L/m² 的水分。

(2)按照乳化沥青上升的高度为 4.75mm，假设混合料的所有空隙被乳化沥青填充，则空隙率必将成为影响乳化沥青喷洒量大小的关键因素之一，而空隙率的大小和级配的选择密切相关。

从上面两个问题可以推论出：

(1)空隙率的大小和级配的选择相关，为确保在罩面成型过程中水分的充分蒸发，给乳化沥青留有足够的空间，级配中粗集料的比例较大，不可能采用传统的密级配。

(2)同步薄层罩面的厚度仅为 1.5 ~ 2.5cm，这个厚度制约了级配的公称最大粒径，为了确保细级配中形成粗集料偏多、空隙率大的特点，断级配是最佳的选择。

为了确保混合料的压实，沥青混合料设计厚度应为最大公称粒径的 3 倍或最大粒径的 2

倍。按照同步薄层罩面厚度 15～25mm 考虑,混合料的最大公称粒径不宜超过 13.2mm,最小的公称粒径应为 4.75mm,同步薄层罩面混合料类型可选定为几种:公称粒径 4.75mm、公称粒径 9.5mm、公称粒径 13.2mm,为了引用方便,下面定义同步薄层罩面磨耗层三种混合料类型为 STC-5、STC-10、STC-13。

3.2.2 贝雷法级配评价

为了进行级配评价和比选,引入了混合料级配的贝雷评价方法。贝雷方法是美国伊利诺伊州 Mr. Robert D. Bailey 发明的一种评价和判断集料级配是否嵌挤的方法。为了有效地保证混合料骨架结构,贝雷方法中根据粗集料之间形成的空隙来决定用以填充的细集料的数量。首先根据关键筛孔将集料分为粗、细集料,粗集料根据最大公称粒径的一半分为粗集料中较粗的部分和较细的部分。类似的,细集料首先根据一级分界点分为粗、细两部分,之后再根据二级分界点将细集料中较细的部分再分为粗、细两部分,如图 3-2 所示。

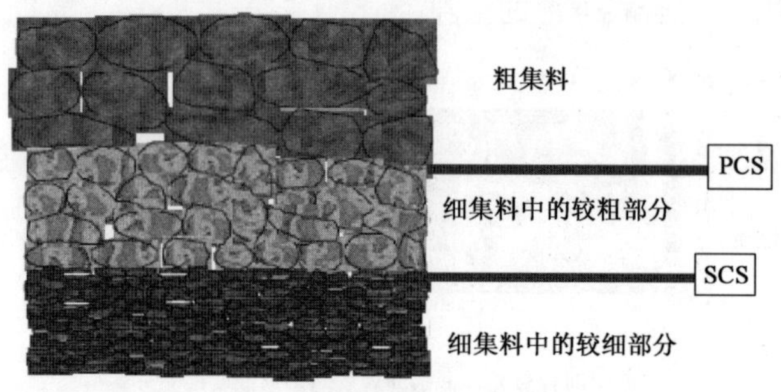

图 3-2　贝雷法中集料划分示意图

贝雷方法粗、细集料的分界点(关键控制粒径)为 PCS,关键控制筛孔为最大公称粒径的 0.22 倍。最大公称粒径是指第一个筛余量超过 10% 的筛孔上面的一个筛孔尺寸,半筛孔为最大公称粒径的一半。

粗集料 CA 比采用如下公式计算:

$$CA = \frac{P_{NMPS/2} - P_{PCS}}{100 - P_{NMPS/2}} \tag{3-2}$$

式中:$P_{NMPS/2}$——最大公称粒径一半所对应筛孔的通过率;

P_{PCS}——关键控制筛孔通过率。

和粗集料一样,细集料部分也可以看作是一种合成级配,即包括粗的细集料和细的细集料,和粗集料粗细分界点不同,细集料粗细分界点和混合料级配设计中关键控制筛孔的定义类似,不同的是,原来的关键控制筛孔就成了细集料部分的最大公称粒径,细集料的内部一级分界点为关键控制筛孔粒径的 0.22 倍,细集料的内部二级分界点为一级分界点筛孔粒径的 0.22 倍。

混合料级配中,粗集料形成空隙,细的集料用来填充粗集料形成空隙。填充的细集料量不应超过粗集料骨架之间可用的空隙。细集料的 FA_C 比就是用来评价较粗的细集料的装填特性:

$$FA_C = \frac{P_{FATB}}{P_{PCS}} \tag{3-3}$$

式中：FA_C——细集料中粗颗粒的比例；

P_{FATB}——细集料一级分界点筛孔的通过率；

P_{PCS}——关键控制筛孔通过率。

类似的，贝雷方法将细集料较细的部分进一步细化，用 FA_F 比来评价细集料中最细部分的装填特性。

$$FA_F = \frac{P_{FASB}}{P_{FATB}} \tag{3-4}$$

式中：FA_F——细集料的细比；

P_{FASB}——细集料二级分界点筛孔的通过率；

P_{FATB}——细集料一级分界点筛孔的通过率。

粗集料 CA 比应控制在 0.4 ~0.8 之间，如果 CA 比接近 1.0，较粗的粗集料不再决定着粗集料的骨架，尽管混合料不易离析，但由于混合料含有太多的中间粒径集料，混合料结构不均衡，压实时容易发生推移而难于压实；如果 CA 比超过 1.0，较细的粗集料决定着粗集料结构的构成，粗集料已被完全分开，在混合物中起到填充空隙的作用，设计混合料不能形成良好的骨架结构。如果小于 0.4，要填充粗集料形成的空隙所需要的细集料就会大大增多，使得混合料中粗、细集料集中，混合料容易离析。研究成果表明，对于 Superpave12.5 的混合料 CA 值应控制在 0.50 ~0.65 之间。细集料 FA_C 比是一个重要的指标，对空隙率和矿料间隙率等体积指标影响较大，FA_C 比增加时，混合料的空隙率和矿料间隙率有所下降。如果细集料 FA_C 比太高，细集料中填充空隙的细颗粒增加，级配容易压实，但高温稳定性差。对于最大公称粒径为 12.5mm 或者更小的混合料，高的 FA_c 比通常在 0.45 次方曲线上容易形成驼峰级配。反之，若 FA_c 比太低，细集料中粗颗粒间隙体积没有被足够的细料填充，这种混合料级配不均衡且难于压实。FA_F 指标的意义在于均衡较细集料，防止混合料空隙率过低或过高。一般认为 FA_C 和 FA_F 介于 0.25 ~0.50 之间较为合适。研究结果显示，Superpave 12.5 的混合料 FA_C 和 FA_F 应控制在 0.35 ~0.50 之间。

由于实际使用的筛孔并不连续，对于特定的最大公称粒径，计算得出的关键筛孔、细集料一级分界点和二级分界点并不等于目前存在的实际筛孔尺寸，传统的解决方法是根据计算结果取最接近的筛孔尺寸。这种方法有一定的局限性，如对于 13.2mm 的公称最大粒径，关键筛孔的计算结果为 2.90mm，实际取 2.36mm，这两档筛的筛分通过率相差甚大，直接影响了 CA 值的结果。为了解决这个问题，可以假定计算筛孔尺寸为“虚拟筛孔”，虚拟筛孔的通过率根据内插法确定。表 3-8 列出了公称粒径为 13.2mm、9.5mm、4.75mm 的分界点和混合料最大公称粒径之间的关系。

修正后贝雷方法级配控制点和参数比例　　表 3-8

最大公称粒径	关键控制筛孔	CA 的半筛孔	CA 比	细集料一级分界点	细集料粗比(FA_C)
传统方法	2.36	4.75	$\frac{4.75-2.36}{100-4.75}$	0.6	$\frac{0.6}{2.36}$
13.2	2.90	6.6	$\frac{6.4-2.90}{100-6.6}$	0.64	$\frac{0.64}{2.90}$

续上表

最大公称粒径	关键控制筛孔	CA 的半筛孔	CA 比	细集料一级分界点	细集料粗比(FA_C)
9.5	2.09	4.75	$\frac{4.75-2.09}{100-4.75}$	0.46	$\frac{0.46}{2.09}$
4.75	1.05	2.36	$\frac{2.34-1.05}{100-2.36}$	0.23	$\frac{0.23}{1.05}$
推荐范围	—	—	0.4~0.8	—	0.25~0.5

为了确定针对同步薄层罩面磨耗层的贝雷法参数,选择表 3-9 所示的七种级配进行评估,级配如图 3-3 所示。其中级配 1 为级配范围的中值,同时也是经过实践验证的比较理想的级配。级配 2 为级配下限,级配 3 为级配上限。级配 4 为粗集料部分级配下限和级配中值的平均值,细集料部分是级配上限和级配中值的平均值。级配 5 粗集料部分是级配上限和级配中值的平均值,细集料部分是级配下限和级配中值的平均值,沿着级配中值形成 S 形曲线。级配 6 粗集料部分是级配上限,细集料部分是级配上限,级配 7 和级配 6 相反。

STC-13 设计范围内的七种级配 表 3-9

筛孔孔径(mm)	级配 1	级配 2	级配 3	级配 4	级配 5	级配 6	级配 7
16	100.0	100.0	100.0	100.0	100.0	100.0	100.0
13.2	92.5	85.0	100.0	88.8	96.3	85.0	100.0
9.5	70.0	60.0	80.0	65.0	75.0	60.0	80.0
4.75	33.0	28.0	38.0	30.5	35.5	28.0	38.0
2.36	28.5	25.0	32.0	26.8	30.3	28.0	25.0
1.18	19.0	15.0	23.0	21.0	17.0	23.0	15.0
0.6	14.0	10.0	18.0	16.0	12.0	18.0	10.0
0.3	10.9	8.0	14.3	12.6	9.5	14.3	8.0
0.15	8.0	6.0	10.6	9.3	7.0	10.6	6.0
0.075	5.0	4.0	7.0	6.0	4.5	7.0	4.0

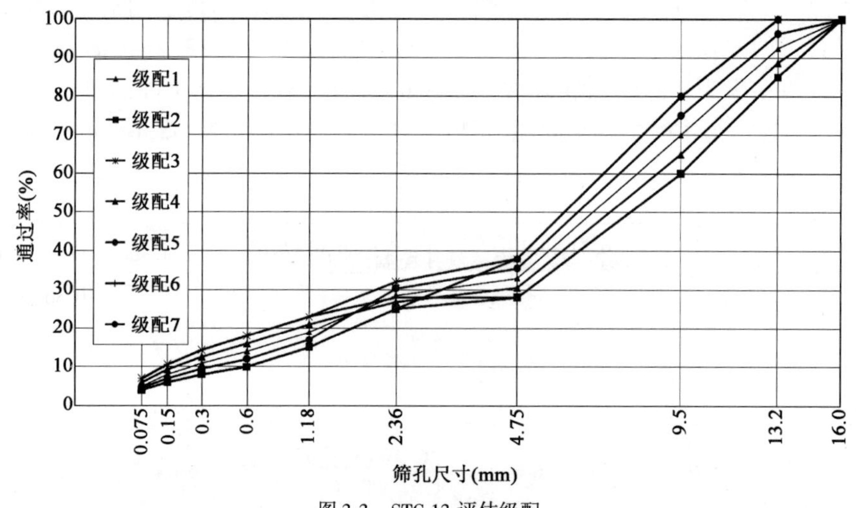

图 3-3 STC-13 评估级配

按照传统方法计算的贝雷法参数如表 3-10 所示。对于断级配 STC-13 而言，断档恰好在 2.36～4.75mm 之间，因此参数 CA 值的大小本质上反映了 2.36～4.75mm 之间颗粒用量的大小，这一点对于是否形成断级配比较关键，因此这个指标对于级配的判断很重要。按照传统的算法，尽管级配的变化相当大，但参数 CA 变化范围太小，即不能敏感地反映级配的变化。参数 FA_C 反映了 0.6mm 和 2.36mm 筛孔的通过率的比值，对于控制级配细集料的组成有一定的参考价值。参数 FA_F 的变化很小，参数 FA_F 对于此级配范围内进行级配优选参考价值不大。基于经验的积累经常使用级配 1、级配 4 和级配 5，且应用效果比较理想，因此如果按照传统的贝雷法思路，可推荐的参数范围为 CA 值介于 0.04～0.07 之间，FA_C 值介于 0.4～0.6 之间，而 FA_F 的值为 0.57～0.59。

按传统方法计算的 STC-13 贝雷法参数　　　　表 3-10

贝雷参数	级配 1	级配 2	级配 3	级配 4	级配 5	级配 6	级配 7	推荐范围
CA	0.07	0.04	0.10	0.05	0.08	0.00	0.21	0.04～0.07
FA_C	0.49	0.40	0.56	0.60	0.40	0.64	0.40	0.40～0.60
FA_F	0.57	0.60	0.59	0.58	0.58	0.59	0.60	0.58～0.60

按照上面改进的贝雷法进行计算，结果如表 3-11 所示。从表中可以看出，参数 CA 值随级配的变化比较明显，且不会出现数值为零的情况，按照同样的分析过程，可推荐的贝雷参数范围为 CA 值介于 0.25～0.40 之间，FA_C 值介于 0.39～0.59 之间，而 FA_F 的值介于 0.53～0.55 之间。

按改进方法计算的 STC-13 贝雷法参数　　　　表 3-11

贝雷参数	级配 1	级配 2	级配 3	级配 4	级配 5	级配 6	级配 7	推荐范围
CA	0.34	0.25	0.46	0.29	0.40	0.21	0.58	0.34±0.1
FA_C	0.49	0.40	0.55	0.59	0.39	0.65	0.37	0.49±0.1
FA_F	0.53	0.55	0.55	0.55	0.54	0.55	0.55	0.53～0.55

依次类推，可得出 STC-13、STC-10、STC-5 三种混合料对应的贝雷法参数，如表 3-12 所示。

改进后贝雷法的推荐参数　　　　表 3-12

贝雷法参数	最大公称粒径(mm)		
	13.2	9.5	4.75
CA	0.34±0.1	0.10±0.05	0.12～0.19
FA_C	0.49±0.1	0.47±0.1	0.50～0.51
FA_F	0.53～0.55	0.48～0.52	0.02～0.03

3.2.3　VMA 预估

混合料设计中一般对空隙率有特定的要求，从体积组成来看，空隙率应该为矿料间隙率减去沥青所占体积，对于同步薄层罩面磨耗层，最佳沥青用量的变化较小，这种情况下，VMA

的大小对于空隙率的大小而言非常关键。

VMA 受集料性质和集料级配两方面的影响，其中集料特性方面，粗、细集料的棱角性和针片状含量对其影响较大。对于选定的集料，集料的级配对 VMA 影响甚大。根据林绣贤老师的研究，各种不同的级配都有和他自己集料组成相应的 VMA。规范规定的 VMA 的最小值的其基础是：粗、细集料性质在满足规定的基础上，按各自的合理级配规定的。为了明确同步薄层罩面磨耗层的 VMA，基于目前 VMA 的预估方法的研究成果，对其进行深入讨论。

Hudson 和 Davis 在 1965 年提出了颗粒组成对混合集料体积间隙率 VMA 的影响。研究表明集料中相邻不同粒径的通过率比例 R 与集料间隙率 VMA 的变化呈一定的关系，称之为干涉系数 F，当集料为棱角形状时，以 F_a 表示，当集料为圆形时，以 Fr 表示。这意味着对于级配已经确定的情况下，如果知道了最细填充料的间隙率后，可通过表 3-13 所示的系数，逐级相乘计算整个混合集料的间隙率 VMA。图 3-4 描述了干涉系数随通过率比例的变化曲线。

不同 R 时的干涉系数 F_r 或 F_a 表 3-13

序号	比率	圆形	棱角形	序号	比率	圆形	棱角形
1	1.0000	1.0000	1.0000	18	1.6500	0.9193	0.9310
2	1.0500	0.9805	0.9850	19	1.6700	0.9220	0.9340
3	1.1000	0.9583	0.9700	20	1.7000	0.9260	0.9380
4	1.1100	0.9531	0.9660	21	1.8000	0.9400	0.9550
5	1.1500	0.9325	0.9510	22	1.9000	0.9528	0.9700
6	1.1760	0.9207	0.9490	23	2.0000	0.9664	0.9863
7	1.2000	0.9098	0.9350	24	2.0500	0.9703	0.9930
8	1.2500	0.9015	0.9240	25	2.1000	0.9757	1.0000
9	1.3000	0.8945	0.9200	26	2.1280	0.9784	1.0050
10	1.3500	0.8908	0.9190	27	2.1500	0.9805	1.0080
11	1.4000	0.8908	0.9190	28	2.2000	0.9856	1.0150
12	1.4285	0.8918	0.9198	29	2.2500	0.9905	1.0230
13	1.4500	0.8926	0.9200	30	2.3000	0.9953	1.0300
14	1.5000	0.8971	0.9210	31	2.3500	1.0000	1.0380
15	1.5500	0.9032	0.9240	32	2.4000	1.0045	1.0450
16	1.5263	0.9051	0.9250	33	2.4500	1.0090	1.0530
17	1.6000	0.9107	0.9260	34	2.5000	1.0133	1.0600

按照圆球理论，单一粒径最紧密时的间隙率 VMA_0 和粒径大小无关，取决于排列状况，最松状况排列时，$VMA_0 = 48\%$，最紧密状况排列时，$VMA_0 = 26\%$。因此一般情况下矿粉的间隙率为 26%。

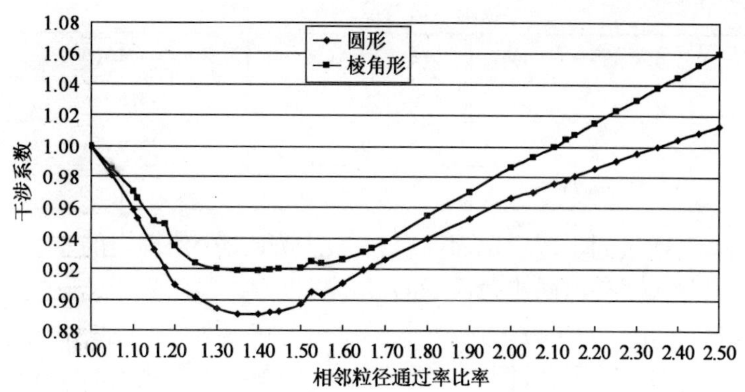

图 3-4　干涉系数随通过率比例的变化

矿料间隙率计算公式如下：

$$VMA = VMA_0 \cdot \sum_{1}^{m} F \tag{3-5}$$

式中：VMA_0——最细集料最紧密状况时的间隙率，一般以 26% 或 27% 计；

m——总级数，从 0.075 开始计算至最大粒径 D_0，$m = 3.32\lg \frac{D_0}{0.075}$。

根据公式(3-5)可得出最大理论密度线对应的 VMA，表 3-14 列出了三种同步薄层罩面磨耗层级配对应的总级数和 0.45 次方最大理论密度线对应的矿料间隙率。

0.45 次方最大理论密度线的 VMA　　表 3-14

最大粒径(mm)	总　级　数	圆形 VMA(%)	棱角形 VMA(%)	范　　围
13.2	7.5	11.0	13.9	11.0～13.9
9.5	7.0	11.6	14.4	11.6～14.4
4.75	6.0	13.0	15.7	13.0～15.7

研究结果表明，对于能够在表 3-14 所包容的级配范围内，经过试验验证确定的混合料最小 VMA 和理论计算结果比较吻合。规范中对于连续密级配提出的最小矿料间隙率指标如表 3-15 所示，对比表 3-14 和 3-15 可知，对于空隙率小于 3% 的情况，规范的要求值包含在理论计算的 VMA 范围内。

规范规定的密级配沥青混凝土 VMA 要求(%)　　表 3-15

	设计空隙率(%)	相应于以下公称最大粒径(mm)的最小 VMA 及 VFA 技术要求		
		13.2	9.5	4.75
矿料间隙率 VMA(%)不小于	2	12	13	15
	3	13	14	16
	4	14	15	17
	5	15	16	18
	6	16	17	19

应用理论法可计算同步薄层罩面混合料级配中值对应的 VMA，如表 3-16 所示。

级配中值对应的VMA计算 表3-16

级配类型	最大公称粒径(mm)	圆形VMA(%)	棱角形VMA(%)	范围(%)
STC-13	13.2	12.5	15.5	12.5~15.5
STC-10	9.5	13.3	15.9	13.3~15.9
STC-5	4.75	13.8	16.7	13.8~16.7

可以理解的是,通过同步薄层罩面混合料级配范围的中值确定的VMA不会是整个级配范围内的最小值,如果要提出同步薄层罩面混合料推荐矿料间隙率,至少应基于混合料理论计算的最小值进行讨论。为了说明这个问题,以表3-17所示的四种级配进行讨论,级配1为级配中值,级配2为级配下限,级配3为级配上限,级配4为寻找出的VMA较小的级配。

级配组合和粒径通过率比例 表3-17

筛孔(mm)	级配组合				相邻不同粒径的通过率比例 R			
	级配1	级配2	级配3	级配4	R_1	R_2	R_3	R_4
16.00	100.0	100.0	100.0	100.0	1.08	1.18	1.00	1.08
13.20	92.5	85.0	100.0	92.5	1.32	1.42	1.25	1.32
9.50	70.0	60.0	80.0	61.1	2.12	2.14	2.11	1.85
4.75	33.0	28.0	38.0	35.6	1.16	1.12	1.19	1.25
2.36	28.5	25.0	32.0	28.5	1.50	1.67	1.39	1.50
1.18	19.0	15.0	23.0	19.0	1.36	1.50	1.28	1.36
0.60	14.0	10.0	18.0	14.0	1.28	1.26	1.26	1.28
0.30	10.9	8.0	14.3	10.9	1.37	1.33	1.34	1.37
0.150	8.0	6.0	10.6	8.0	1.59	1.50	1.52	1.59
0.075	5.0	4.0	7.0	5.0	1.00	1.00	1.00	1.00

从表3-17中可以看出,对于棱角性好的集料,干涉系数随相邻不同粒径的通过率比例的变化是先变小而后增加,并且在 $R=1.25\sim1.6$ 时,形成一个相对平缓的底部,这意味着如果相邻系数介于此区间时,混合料级配的矿料间隙率将接近最低。对于级配4,首先确保其在级配范围在内,而后调整 R_4 使其相邻系数接近底部,即可推导得出。表3-18给出了VMA的理论计算值,从中可看出,级配4的VMA值最小,和表3-16对比可以看出,该计算值已经接近理论最小值,也充分说明上述推论是正确的,这一点对于同步薄层罩面磨耗层级配优选、调整VMA以满足设计非常关键。

四种级配组合下的VMA计算值(%) 表3-18

级配类型	级配组合	圆形VMA	棱角形VMA	范围
STC-13	级配1	12.51	15.47	12.51~15.47
	级配2	12.26	15.33	12.26~15.33
	级配3	12.70	15.74	12.7~15.47
	级配4	11.50(11.0)	14.10(13.9)	11.5~14.10

注:括号中为0.45次幂级配曲线对应的VMA理论最小值。

综合以上结果看出,尽管同步薄层罩面和最大理论密度线偏离较大,但是其级配区间矿料间隙率的理论最小值和密级配没有本质的区别,考虑到级配中值理论计算值为15.5%,因此初步确定STC-13的矿料间隙率应大于15%,最终数值应基于试验数据和空隙率进行确定。

3.2.4 推荐级配范围

同步薄层沥青混合料面层厚度非常薄,粒径小但又要求具有良好的构造深度、密实性能和抗滑性能,因此有必要对同步薄层罩面混合料的级配类型进行对比研究,确定适合这一特点的混合料类型。

①薄层罩面混合料矿料级配在不同国家、地区的规范有不同的界定,法国NovaChip超薄沥青磨耗层采用的级配见表3-19,与SMA和OGFC相比较,NovaChip级配中粗集料含量较少,是一种半开级配混合料。另外,美国一些州超薄沥青混合料采用的级配见表3-20。得克萨斯州采用的级配类似SMA,而加利福尼亚州和佛罗里达州则采用开级配。

法国NovaChip超薄沥青混合料级配范围(%)　　表3-19

筛孔(mm)	12.5	9.5	4.75	2.36	0.075
NovaChip	100	90~100	55~75	35~50	2~8

美国超薄沥青混合料级配范围(%)　　表3-20

筛孔(mm)	12.5	9.5	4.75	2.36	0.075
得克萨斯州	100	95~100	40~50	17~27	5~9
加利福尼亚州	100	90~100	29~36	7~18	0~3
佛罗里达州	100	90~100	38~48	15~23	2~5

②《北京市沥青路面预防性养护技术指南》规定:超薄磨耗层分为Ⅰ型、Ⅱ型和Ⅲ型三种结构类型,并且根据矿料级配将Ⅱ型超薄磨耗层分为A、B和C型,最大粒径分别为4.75mm、9.5mm和13.2mm。

(1)Ⅰ型超薄磨耗层

Ⅰ型超薄磨耗层混合料通常采用间断密实型级配,级配在4.75mm和9.5mm筛孔间增设6.7mm控制筛孔,级配要求见表3-21。

Ⅰ型混合料级配要求　　表3-21

筛孔(mm)	13.2	9.5	6.7	4.75	2.36	1.18	0.6	0.3	0.15	0.075
设计限值(%)	100	80~100	32~65	20~40	18~36	14~30	10~25	7~20	6~12	4~8

(2)Ⅱ型超薄磨耗层

Ⅱ型超薄磨耗层使用原材料如下:沥青结合料和黏层油采用普通沥青和普通改性乳化沥青。根据矿料级配将Ⅱ型超薄磨耗层分为A、B和C型,级配要求见表3-22。

Ⅱ型混合料级配要求　　表3-22

筛孔尺寸(mm)	A型(4.75mm)	B型(9.5mm)	C型(13.2mm)
	设计限值(%)	设计限值(%)	设计限值(%)
19	100	100	100
12.5	100	100	85~100
9.5	100	80~100	60~80

续上表

筛孔尺寸(mm)	A 型(4.75mm)	B 型(9.5mm)	C 型(13.2mm)
	设计限值(%)	设计限值(%)	设计限值(%)
4.75	40~55	25~35	25~35
2.36	20~30	23~30	23~30
1.18	15~25	12~22	12~22
0.6	8~16	8~16	8~16
0.3	6~12	6~12	6~12
0.15	5~10	5~10	5~10
0.075	—	4~7	4~7
典型厚度(mm)	15	18	22

(3)Ⅲ型超薄磨耗层

Ⅲ型超薄磨耗层使用原材料如下:胶结料采用橡胶沥青/环保型橡胶沥青;粗集料黏附性均要求不小于5级,磨光值不小于40。Ⅲ型超薄磨耗层级配要求如表3-23所示。

Ⅲ型混合料级配要求 表3-23

筛孔尺寸(mm)	13.2	9.5	7.2	4.75	2.36	1.18	0.6	0.3	0.15	0.075
橡胶沥青混合料(%)	100	90~100	56~68	30~40	23~32	16~24	11~19	8~15	6~12	5~9
环保型橡胶沥青混合料(%)	100	90~100	60~72	32~42	25~34	18~26	12~20	8~15	6~12	4~9

同步薄层罩面矿料级配宜采用间断级配或骨架密实型级配,形成石—石嵌挤结构。经过反复的调整和室内试验验证,确定同步薄层罩面混合料的级配范围。骨架空隙型同步薄层罩面混合料的工程设计级配范围应符合表3-24的要求,骨架密实型同步薄层罩面混合料的级配范围应符合表3-25的要求。通常情况下,同步薄层罩面混合料级配不得超出级配范围要求。

骨架空隙型同步薄层罩面混合料矿料级配范围 表3-24

级配类型	通过下列筛孔(mm)的质量百分率(%)									
	16	13.2	9.5	4.75	2.36	1.18	0.6	0.3	0.15	0.075
STC-13	100	100~80	80~60	25~40	20~30	13~20	8~14	6~11	4~9	4~7
STC-10	—	100	100~90	30~45	22~32	14~25	9~15	7~12	5~10	4~7
STC-5	—	—	100	40~55	25~35	15~25	10~18	8~13	5~11	4~7

骨架密实型同步薄层罩面混合料矿料级配范围 表3-25

级配类型	通过下列筛孔(mm)的质量百分率(%)							
	9.5	4.75	2.36	1.18	0.6	0.3	0.15	0.075
STC-5C	—	80~100	25~55	15~35	10~25	6~16	4~12	2~8

骨架空隙型同步薄层罩面混合料按公称最大粒径不同,分为 STC-13、STC-10、STC-5。骨架密实型同步薄层罩面混合料为 STC-5C。各种同步薄层罩面混合料结构层适宜厚度宜符合表 3-26 的规定。

同步薄层罩面混合料结构层适宜厚度　　表 3-26

同步薄层罩面混合料类型	结构层适宜厚度(mm)	同步薄层罩面混合料类型	结构层适宜厚度(mm)
STC-5 或 STC-5C	10 ~ 15	STC-13	20 ~ 40
STC-10	15 ~ 25		

同步薄层罩面混合料铺筑层厚推荐范围为按其最大公称粒径的 1.5 ~ 3 倍设置。

3.3　混合料配合比设计

同步薄层罩面混合料是热拌热铺的混合料,面层厚度非常薄,粒径小但又要求具有良好的构造深度、密实性能和抗滑性能。其沥青混合料配合比设计主要任务和常规沥青混合料无异,即选择材料、确定各档材料的比例和优化沥青用量。但作为表面功能层其设计还需要重点考虑以下因素:

(1)足够的沥青保证低温抗开裂性能,同时具有足够的油膜厚度防止水损害发生。

(2)混合料应具备足够的高温稳定性,满足荷载要求。

(3)足够的空隙率给乳化沥青提供空间,同时在施工过程中确保汽化后的水蒸气顺利排出。

(4)适度的空隙率,防止沥青早期过度老化。

(5)集料的表面纹理和硬度应能够保证在不利天气下路面有良好的抗滑性能。

3.3.1　旋转压实法

对于同步薄层罩面混合料,推荐使用 Superpave 旋转压实仪进行混合料压实。SHRP 研究者在开发室内旋转压实最重要的目的是:可将混合料试件逼真地压实到实际路面气候和荷载条件下所达到的密度,要求压实仪能测试可压实性以能识别潜在不稳定的混合料性能及类似的压实问题。

针对同步薄层罩面沥青混凝土的施工工艺和压实特点,据西部交通建设科技项目《高等级公路沥青路面磨耗层同步快速处治技术研究》报告中大量的室内外试验对比分析,确定沥青混合料的设计压实次数为 100 次,设计压实次数和交通量无关,是由以下几个原因决定的:

(1)同步薄层罩面的摊铺机自重大,自振频率高,在摊铺机横向通过一个粒料的同时,熨平板竖向振动三次,初始压实度很大。

(2)同步薄层罩面厚度薄,粗集料颗粒之间基本达到"石—石"接触状态,松铺系数很小,需要的后继压实功很小,仅需要一台双钢轮压路机静压即可满足使用需求。

(3)由成型工艺可知,下部约 5mm 的位置被乳化沥青彻底封闭在原有路面上,实际压实厚度更薄,尽管设计的轴载次数≥3 千万次,交通量偏大,但在实体工程后期观测中发现,室内压实 100 次即有足够的代表性。

3.3.2 马歇尔击实法

现行施工技术规范对于 SMA 和 OGFC 等抗滑表层混合料,规定马歇尔击实次数为 50 次。同时规定对于集料坚硬不易击碎、通行重载交通的路段,可将 SMA 的击实次数增加为双面 75 次。对于没有特殊工艺保证压实的常规沥青混合料,击实次数直接反映了混合料在成型过程中所受到的压实功的大小以及在使用过程中行车碾压作用的大小,和交通量有密切的关系。

西部课题《超薄层沥青混凝土面层技术研究总报告》中对于薄层沥青混凝土马歇尔试验击实问题提出了如下观点:

(1)75 次的标准是美国专家马歇尔根据 20 世纪 60 年代美国的交通水平确定的,如今我国公路上行驶的汽车无论是交通量还是轴载水平远远超出当时的水平,特别是超重轴载交通,因此仍沿用 75 次的击实标准而不做适当提高必然会存在一些问题。

(2)探讨了不同击实次数下(50 次、75 次、100 次、150 次)混合料的力学性质,认为由于击实次数的增加,尽管混合料的油石比降低,但高温稳定性增加,抗压强度显著增加。

(3)即便所用石料的强度较差,粗集料击碎值较大,但对沥青混合料而言,适当增加击实次数(或击实功)对混合料级配的影响并不大。在重载交通沥青混合料设计中,增加混合料的击实功是可行的。

(4)增加混合料击实次数后,在相同设计空隙率标准情况下,混合料的强度衰减比较明显,直接的反映是混合料的冻融劈裂强度的比值下降(TSR 降低)。

(5)混合料击实次数或者击实功到底应该增加多大,应该与混合料实际的使用环境水平相适应。混合料使用的轴载水平高,则相应的击实次数应该增加。目前这方面的调查数据和积累资料还很欠缺,难以直接制定相应的技术标准。

上述提到有些单位注意到这点,表面层混合料的马歇尔试验采用 75 次,然而实际工程中仍感到混合料的油石比偏大,在实际施工过程中凭经验人为下调 0.3% ~0.5% 的油石比。从上面的论述可知,尽管报告没有提出相应的马歇尔击实标准,但认为击实 50 次是不行的,至少应该大于 75 次,甚至更高,这一点对于常规施工工艺的沥青混凝土有重要的参考价值。

对于同步薄层沥青混凝土施工,需要补充马歇尔的试验数据,用于现场控制,推荐的马歇尔击实次数为 75 次。

3.3.3 混合料体积指标确定

(1)体积指标的确定

同步薄层罩面沥青混合料试件成型旋转压实法采用 100 次压实,马歇尔法采用 75 次压实,其对应的体积指标是一个很重要的问题,因为最佳沥青用量是基于体积指标确定的。为了解决这个问题,从如下三个方面进行了具体分析:一方面从理论上分析了如空隙率、矿料间隙率的最低要求;另一方面基于同步薄层罩面的级配,进行了大量的室内试验,对体积指标进行总结;此外,根据国内外的研究和现场的数据反馈进行分析归纳。

表 3-27 ~ 表 3-43 列出了 STC-10 混合料的体积指标测试结果,表中的试验结果针对不同地区、不同集料、不同沥青材料,具有一定的代表性。

顺德花岗岩 STC-10 体积指标　　表 3-27

测试方法	沥青用量（%）	设计压实次数下			粉胶比（DP）	初始旋转次数时的压实度（%）	油膜厚度（μm）
		空隙率（%）	VMA（%）	VFA（%）			
体积法	4.5	15.5	23.4	33.9	1.3	74.4	8.1
	5.0	15.1	24.0	37.4	1.1	75.0	9.2
	5.5	14.9	24.9	40.1	1.0	75.3	10.3
	6.0	12.1	23.4	48.2	0.9	77.5	11.5
范围	4.5～6.0	12.1～15.5	23.4～24.9	33.9～48.2	0.9～1.3	74.4～77.5	8.1～11.5
塑封法	4.5	11.3	19.6	42.6	1.3	88.7	8.1
	5.0	12.0	21.3	43.6	1.1	88.0	9.2
	5.5	10.5	21.0	49.9	1.0	89.5	10.3
	6.0	7.6	19.4	61.1	0.9	92.4	11.5
范围	4.5～6.0	7.6～12.0	19.4～21.3	42.6～61.1	0.9～1.3	74.4～77.5	8.1～11.5

河北张家口玄武岩料 STC-10 体积指标　　表 3-28

测试方法	沥青用量（%）	设计压实次数下			粉胶比（DP）	初始旋转次数时的压实度（%）	油膜厚度（μm）
		空隙率（%）	VMA（%）	VFA（%）			
体积法	4.6	14.7	22.9	35.6	1.3	77.6	8.2
	5.1	11.5	21.0	45.2	1.2	79.6	9.3
	5.6	10.8	21.4	49.5	1.0	79.9	10.4
	6.1	10.2	21.9	53.3	1.0	80.9	11.6
范围	4.6～6.1	10.2～14.7	21.0～22.9	35.6～53.3	1.0～1.3	77.6～80.9	8.2～10.4
塑封法	4.6	10.5	19.1	44.8	1.3	81.4	8.2
	5.1	7.4	17.3	57.3	1.2	83.3	9.3
	5.6	6.7	17.7	62.5	1.0	83.6	10.4
	6.1	6.1	18.3	66.8	1.0	84.6	11.6
范围	4.6～6.1	6.1～10.5	17.3～19.1	44.8～66.8	1.0～1.3	81.4～84.6	8.2～11.6

广东惠河花岗岩料 STC-10 体积特性　　表 3-29

测试方法	沥青用量（%）	设计压实次数下			粉胶比（DP）	初始旋转次数时的压实度（%）	油膜厚度（μm）
		空隙率（%）	VMA（%）	VFA（%）			
体积法	4.6	14.3	22.7	37.1	1.3	77.1	9.1
	5.1	14.4	23.8	39.4	1.1	76.9	10.2
	5.6	13.6	24.0	43.4	1.0	77.4	11.4
	6.1	11.5	23.2	50.3	0.9	78.9	12.6
范围	4.6～6.1	11.5～14.4	22.7～24.0	37.1～50.3	0.9～1.3	77.1～78.9	9.1～12.6

续上表

测试方法	沥青用量(%)	设计压实次数下			粉胶比(DP)	初始旋转次数时的压实度(%)	油膜厚度(μm)
		空隙率(%)	VMA(%)	VFA(%)			
塑封法	4.6	10.6	19.4	45.5	1.3	80.4	9.1
	5.1	10.4	20.3	48.5	1.1	80.4	10.2
	5.6	9.3	20.3	54.0	1.0	81.2	11.4
	6.1	7.2	19.4	62.9	0.9	82.8	12.6
范围	4.6~6.1	7.2~10.6	19.4~20.3	45.5~62.9	0.9~1.3	77.1~78.9	9.1~12.6

河北宣化玄武岩料 STC-10 体积特性　　表 3-30

测试方法	沥青用量(%)	设计压实次数下			粉胶比(DP)	初始旋转次数时的压实度(%)	油膜厚度(μm)
		空隙率(%)	VMA(%)	VFA(%)			
体积法	4.5	16.0	24.1	33.5	1.4	74.9	8.5
	5.0	15.7	24.9	36.7	1.2	74.9	9.7
	5.5	15.7	25.9	39.1	1.1	74.8	10.9
	6.0	15.2	26.4	42.5	1.0	75.5	12.1
范围	4.5~6.0	15.2~16.0	24.1~26.4	33.5~39.1	1.0~1.4	74.8~75.5	8.5~12.1
塑封法	4.5	13.6	21.9	38.0	1.4	77.1	8.5
	5.0	13.0	22.4	42.1	1.2	77.3	9.7
	5.5	12.4	22.9	45.9	1.1	77.7	10.9
	6.0	11.7	23.4	49.8	1.0	78.6	12.1
范围	4.5~6.0	11.7~13.6	21.9~23.4	38.0~49.8	1.0~1.4	74.8~75.5	8.5~12.1

河南玄武岩 STC-10 体积指标　　表 3-31

测试方法	沥青用量(%)	设计压实次数下			粉胶比(DP)	初始旋转次数时的压实度(%)	油膜厚度(μm)
		空隙率(%)	VMA(%)	VFA(%)			
体积法	4.6	16.0	24.6	35.0	1.2	75.9	9.2
	5.1	14.8	24.5	39.7	1.1	76.4	10.4
	5.6	14.3	25.1	43.1	1.0	77.3	11.6
	6.1	12.8	24.8	48.5	0.9	78.4	12.8
范围	4.6~6.1	12.8~16.0	24.5~25.1	35.0~48.5	0.9~1.2	75.9~78.4	9.2~12.8
塑封法	4.6	12.3	21.3	42.2	1.2	79.2	9.2
	5.1	11.0	21.2	48.0	1.1	79.8	10.4
	5.6	10.1	21.4	52.9	1.0	81.1	11.6
	6.1	8.5	21.1	59.7	0.9	82.2	12.8
范围	4.6~6.1	8.5~12.3	21.1~21.4	42.2~59.7	0.9~1.2	75.9~78.4	9.2~12.8

河北石家庄玄武岩 STC-10 体积指标　　表 3-32

测试方法	沥青用量(%)	设计压实次数下			粉胶比(DP)	初始旋转次数时的压实度(%)	油膜厚度(μm)
		空隙率(%)	VMA(%)	VFA(%)			
体积法	4.5	14.8	23.7	37.4	1.4	76.1	8.9
	5.0	13.2	23.3	43.3	1.2	78.1	10.1
	5.5	12.0	23.4	48.4	1.1	79.2	11.3
	6.0	12.4	24.7	49.9	1.0	78.6	12.5
范围	4.5～6.0	12.0～14.8	23.3～24.7	37.4～49.9	1.0～1.4	76.1～79.2	8.9～12.5
塑封法	4.5	10.8	20.0	46.3	1.4	79.7	8.9
	5.0	9.5	20.1	52.5	1.2	81.5	10.1
	5.5	7.5	19.4	61.4	1.1	83.3	11.3
	6.0	7.7	20.6	62.9	1.0	82.8	12.5
范围	4.5～6.0	7.5～10.8	19.4～20.6	46.3～62.9	1.0～1.4	76.1～79.2	8.9～12.5

江苏舒城玄武岩集料 STC-10 体积特性　　表 3-33

测试方法	沥青用量(%)	设计压实次数下			粉胶比(DP)	初始旋转次数时的压实度(%)	油膜厚度(μm)
		空隙率(%)	VMA(%)	VFA(%)			
体积法	4.8	17.7	25.9	31.7	1.4	82.3	9.1
	5.3	17.1	26.3	35.1	1.2	82.9	10.3
	5.8	16.0	26.3	39.1	1.1	84.0	11.5
	6.3	15.1	26.4	42.9	1.0	84.9	12.6
范围	4.8～6.3	15.1～18.0	25.9～26.4	31.7～42.9	1.0～1.4	82.0～84.9	9.1～12.6
塑封法	4.8	14.1	22.7	37.7	1.4	85.9	9.1
	5.3	12.7	22.4	43.4	1.2	87.3	10.3
	5.8	11.7	22.5	48.0	1.1	88.3	11.5
	6.3	10.9	22.8	52.1	1.0	89.1	12.6
范围	4.8～6.3	10.9～14.1	21.2～22.8	37.7～52.1	1.0～1.4	85.9～89.1	9.1～12.6

STC-10 体积法特性汇总　　表 3-34

序　号	沥青用量(%)	设计压实次数下			粉胶比(DP)	初始旋转次数时的压实度(%)	油膜厚度(μm)
		空隙率(%)	VMA(%)	VFA(%)			
1	4.5～6.0	12.1～15.5	23.4～24.9	33.9～48.2	0.9～1.3	74.4～77.5	8.1～11.5
2	4.6～6.1	10.2～14.7	21.0～22.9	35.6～53.3	1.0～1.3	77.6～80.9	8.2～10.4
3	4.6～6.1	11.5～14.4	22.7～24.0	37.1～50.3	0.9～1.3	77.1～78.9	9.1～12.6
4	4.5～6.0	15.2～16.0	24.1～26.4	33.5～39.1	1.0～1.4	74.8～75.5	8.5～12.1
5	4.6～6.1	12.8～16.0	24.5～25.1	35.0～48.5	0.9～1.2	75.9～78.4	9.2～12.8
6	4.5～6.0	12.0～14.8	23.3～24.7	37.4～49.9	1.0～1.4	76.1～79.2	8.9～12.5
7	4.8～6.3	15.1～18.0	25.9～26.4	31.7～42.9	1.0～1.4	82.0～84.9	9.1～12.6
汇总	4.5～6.3	10.2～18.0	21.0～26.4	33.9～50.3	0.9～1.4	74.4～84.9	8.1～12.8

工程使用沥青用量下的体积特性(体积法)　表3-35

序　号	沥青用量(%)	设计压实次数下			粉胶比(DP)	初始旋转次数时的压实度(%)	油膜厚度(μm)
		空隙率(%)	VMA(%)	VFA(%)			
1	5.0	15.1	24.0	37.4	1.1	75.0	9.2
2	5.1	11.5	21.0	45.2	1.2	79.6	9.3
3	5.1	14.4	23.8	39.4	1.1	76.9	10.2
4	5.0	15.7	24.9	36.7	1.2	74.9	9.7
5	5.1	14.8	24.5	39.7	1.1	76.4	10.4
6	5.0	13.2	23.3	43.3	1.2	78.1	10.1
7	5.3	17.1	26.3	35.1	1.2	82.9	10.3
汇总	5.0~5.2	11.5~17.1	21.0~26.3	36.7~45.2	1.1~1.2	74.9~82.9	9.2~10.4

STC-10 塑封法特性汇总　表3-36

序　号	沥青用量(%)	设计压实次数下			粉胶比(DP)	初始旋转次数时的压实度(%)	油膜厚度(μm)
		空隙率(%)	VMA(%)	VFA(%)			
1	4.5~6.0	7.6~12.0	19.4~21.3	42.6~61.1	0.9~1.3	74.4~77.5	8.1~11.5
2	4.6~6.1	6.1~10.5	17.3~19.1	44.8~66.8	1.0~1.3	77.6~80.9	8.2~10.4
3	4.6~6.1	7.2~10.6	19.4~20.3	45.5~62.9	0.9~1.3	77.1~78.9	9.1~12.6
4	4.5~6.0	11.7~13.6	21.9~23.4	38.0~49.8	1.0~1.4	74.8~75.5	8.5~12.1
5	4.6~6.1	8.5~12.3	21.1~21.4	42.2~59.7	0.9~1.2	75.9~78.4	9.2~12.8
6	4.5~6.0	7.5~10.8	19.4~20.6	46.3~62.9	1.0~1.4	76.1~79.2	8.9~12.5
7	4.8~6.3	10.9~14.1	21.2~22.8	37.7~52.1	1.0~1.4	85.9~89.1	9.1~12.6
汇总	4.5~6.1	7.2~14.1	17.3~23.4	38.0~66.8	0.9~1.4	74.4~80.9	8.1~12.8

工程使用沥青用量下的体积特性(塑封法)　表3-37

序　号	沥青用量(%)	设计压实次数下			粉胶比(DP)	初始旋转次数时的压实度(%)	油膜厚度(μm)
		空隙率(%)	VMA(%)	VFA(%)			
1	5.0	12.0	21.3	43.6	1.1	88.0	9.2
2	5.1	7.4	17.3	57.3	1.2	83.3	9.3
3	5.1	10.4	20.3	48.5	1.1	80.4	10.2
4	5.0	13.0	22.4	42.1	1.2	77.3	9.7
5	5.1	11.0	21.2	48.0	1.1	79.8	10.4
6	5.0	9.5	20.1	52.5	1.2	81.5	10.1
7	5.3	12.7	22.4	43.4	1.2	87.3	10.3
汇总	5.0~5.2	7.4~13.0	17.3~22.4	42.1~57.3	1.1~1.2	77.3~88.0	9.2~10.4

河北石家庄玄武岩集料 STC-13 体积特性　　表 3-38

测试方法	沥青用量(%)	设计压实次数下			粉胶比(DP)	初始旋转次数时的压实度(%)	油膜厚度(μm)
		空隙率(%)	VMA(%)	VFA(%)			
体积法	4.5	14.7	23.6	37.5	1.4	76.2	8.7
	5.0	13.2	23.3	43.4	1.2	78.2	9.9
	5.5	12.0	23.3	48.5	1.1	79.3	11.1
	6.0	12.3	24.6	50.0	1.0	78.7	12.3
范围	4.5~6.0	12.0~14.7	23.3~24.6	37.5~50	1.0~1.4	76.2~79.3	8.7~12.3
塑封法	4.5	10.7	20.0	46.4	1.4	79.8	8.7
	5.0	9.5	20.0	52.6	1.2	81.5	9.9
	5.5	7.4	19.3	61.5	1.1	83.4	11.1
	6.0	7.6	20.6	63.0	1.0	82.9	12.3
范围	4.5~6.0	7.4~10.7	19.3~20.6	46.4~63.0	1.0~1.4	79.8~83.4	8.7~12.3

河北宣化玄武岩集料 STC-13 体积特性　　表 3-39

测试方法	沥青用量(%)	设计压实次数下			粉胶比(DP)	初始旋转次数时的压实度(%)	油膜厚度(μm)
		空隙率(%)	VMA(%)	VFA(%)			
体积法	4.7	13.1	22.3	41.2	1.2	77.5	9.6
	5.2	13.0	23.3	44.0	1.1	77.6	10.8
	5.7	12.4	23.7	47.8	1.0	77.8	12.1
	6.2	12.6	24.9	49.5	0.9	77.8	13.3
范围	4.7~6.2	12.4~13.1	22.3~24.9	41.2~49.5	0.9~1.2	77.5~77.8	9.6~13.3
塑封法	4.7	10.3	19.8	48.0	1.2	80.0	9.6
	5.2	9.0	19.7	54.4	1.1	81.2	10.8
	5.7	8.6	20.4	58.0	1.0	81.2	12.1
	6.2	8.2	21.2	61.2	0.9	81.6	13.3
范围	4.76.2	8.2~10.3	19.7~21.2	48.0~61.2	0.9~1.2	80~81.6	9.6~13.3

天津石灰岩集料 STC-13 体积特性　　表 3-40

测试方法	沥青用量(%)	设计压实次数下			粉胶比(DP)	初始旋转次数时的压实度(%)	油膜厚度(μm)
		空隙率(%)	VMA(%)	VFA(%)			
体积法	4.4	15.9	24.1	34.0	1.4	81.8	8.6
	4.9	15.1	24.3	38.0	1.2	83.3	9.7
	5.4	13.1	23.6	44.4	1.1	84.7	10.9
	5.9	11.7	23.4	49.9	1.0	85.5	12.1
范围	4.4~4.9	11.7~15.9	23.4~24.3	34.0~49.9	1.0~1.4	81.8~85.5	8.6~12.1

张家口玄武岩集料 STC-13 体积特性　　表 3-41

测试方法	沥青用量（%）	设计压实次数下			粉胶比(DP)	初始旋转次数时的压实度（%）	油膜厚度（μm）
		空隙率（%）	VMA（%）	VFA（%）			
体积法	4.6	15.0	23.4	36.2	1.3	76.1	8.8
	5.1	13.6	23.2	41.6	1.2	77.4	10.0
	5.6	12.5	23.3	46.4	1.1	78.7	11.2
	6.1	13.1	24.8	47.2	1.0	77.5	12.4
范围	4.6~5.1	13.1~15.0	23.2~24.8	36.2~47.2	1.0~1.3	76.1~78.7	8.8~12.4

STC-13 体积特性汇总（体积法）　　表 3-42

序　号	沥青用量（%）	设计压实次数下			粉胶比(DP)	初始旋转次数时的压实度（%）	油膜厚度（μm）
		空隙率（%）	VMA（%）	VFA（%）			
1	4.5~6.0	12.0~14.7	23.3~24.6	37.5~50	1.0~1.4	76.2~79.3	8.7~12.3
2	4.7~6.2	12.4~13.1	22.3~24.9	41.2~49.5	0.9~1.2	77.5~77.8	9.6~13.3
3	4.4~4.9	11.7~15.9	23.4~24.3	34.0~49.9	1.0~1.4	81.8~85.5	8.6~12.1
4	4.6~5.1	13.1~15.0	23.2~24.8	36.2~47.2	1.0~1.3	76.1~78.7	8.8~12.4
汇总	4.5~6.2	12.0~15.9	22.3~24.9	35.0~50.0	0.9~1.4	76.1~85.5	8.6~13.3

STC-13 体积特性汇总（塑封法）　　表 3-43

序　号	沥青用量（%）	设计压实次数下			粉胶比(DP)	初始旋转次数时的压实度（%）	油膜厚度（μm）
		空隙率（%）	VMA（%）	VFA（%）			
1	4.5~6.0	7.4~10.7	19.3~20.6	46.4~63.0	1.0~1.4	79.8~83.4	8.7~12.3
2	4.7~6.2	8.2~10.3	19.7~21.2	48.0~61.2	0.9~1.2	80~81.6	9.6~13.3
汇总	4.5~6.2	7.4~10.7	19.3~21.2	46.4~63.0	0.9~1.4	79.8~83.4	8.7~13.3

综合以上各表的结果，在旋压压实 100 次的情况下，推荐体积参数控制指标和其他技术要求如表 3-44 所示。

旋压压实试样的技术要求　　表 3-44

指　标		技术要求
体积指标	塑封法空隙率 VV（%）	8~15
	塑封法 VMA（%）	17~22
	塑封法 VFA（%）	40~55
	塑封法初始旋转次数时的压实度（%）	<88
	体积法空隙率 VV（%）	12~17
	体积法 VMA（%）	21~26
	体积法 VFA（%）	35~50
	体积法初始旋转次数时的压实度（%）	<80
粉胶比(DP)		0.8~1.6
油膜厚度（μm）		9.0~11.0

(2)体积指标的测定

关于试件的密度,各国都采用毛体积相对密度,尽管指标是统一的,但测定方法却比较多,测试结果争议较大。常见的方法有水中重法、表干法、蜡封法、体积法,规范在对比试验的基础上,统一采用表干法,表干法对于混合料吸水率较大的试件试验误差较大,甚至导致错误结论,因此混合料吸水率大于 2% 时采用蜡封法,对大孔隙的混合料采用体积法。

鉴于同步薄层罩面沥青混合料的空隙率较大,不宜采用表干法测量密度,传统的办法是采用体积法计算,而后进行修正,也有使用蜡封法进行测量的。如果有条件,推荐使用一种新的真空包装法(Corelok),也叫塑封法,它是一种测定沥青混合料试件的毛体积相对密度的方法。但是该种方法使用的设备在国内尚未普及,尽管高校和研究所拥有部分设备,也远远满足不了生产的需求,而体积法测量方便快捷,特别是采用旋转压实机以后,试件的高度直接在计算机记录下来,仅需要测量试件的质量便可计算,是一种非常方便快捷的方法,为此,在室内对两种测量方法的结果进行了对比分析,以寻求两者之间的关系,以利于指导生产。

表 3-45 列出了不同地区、不同岩性集料的 STC-10 和 STC-13 混合料试件毛体积密度的测量结果对比,对测量结果进行回归如图 3-5 所示。

体积法和塑封法测量毛体积密度结果对比　　表 3-45

集料产地	岩石类别	沥青用量(%)	体积法空隙率(%)	塑封法空隙率(%)	差值
北京	玄武岩	4.6	15.0	11.4	3.6
		5.1	13.6	10.0	3.5
		5.6	12.5	8.9	3.6
广清	花岗岩	4.6	13.5	9.2	4.3
		5.1	10.2	6.1	4.2
		5.6	9.6	5.3	4.2
惠河	花岗岩	4.6	14.3	10.6	3.7
		5.1	14.4	10.4	4.0
		5.6	13.6	9.3	4.3
舒城	玄武岩	4.8	17.7	14.1	3.6
		5.3	18.0	14.5	3.5
		5.8	16.0	11.7	4.3
顺德	花岗岩	4.7	14.45	13.3	3.2
		5.2	14.4	10.6	3.8
		5.7	14.3	10.4	3.9
天津	石灰岩	4.4	13.2	9.9	3.3
		4.9	12.4	8.6	3.8
		5.4	10.3	6.6	3.8
西平	玄武岩	4.6	16.0	12.3	3.7
		5.1	14.8	11.0	3.8
		5.6	14.3	10.1	4.2

续上表

集料产地	岩石类别	沥青用量(%)	体积法空隙率(%)	塑封法空隙率(%)	差　值
易县	玄武岩	4.5	14.8	10.8	4.0
		5.0	13.2	9.5	3.7
		5.5	12.0	7.5	4.6
易县 C	玄武岩	4.5	15.8	11.8	4.0
		5.0	14.2	10.6	3.7
		5.5	13.0	8.5	4.5
张家口 B	玄武岩	4.5	16.0	13.6	2.5
		5.0	15.7	13.0	2.8
		5.5	15.7	12.4	3.3
张家口 C	玄武岩	5.0	13.0	9.0	4.1
		5.5	12.4	8.6	3.8

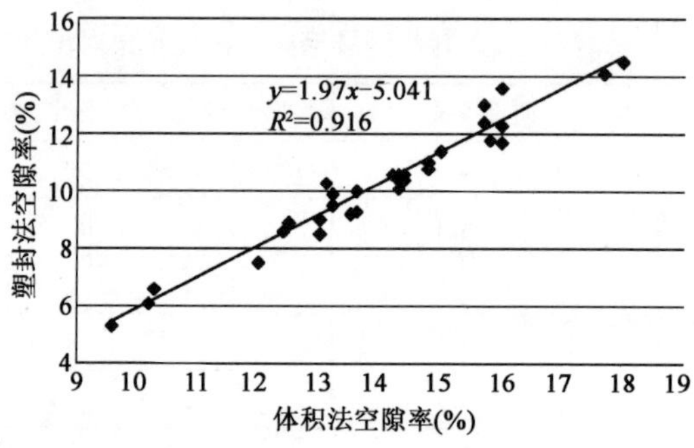

图 3-5　体积法和塑封法回归曲线

经过回归可得出如下方程：

$$\begin{cases} V_p = 1.097V_v - 5.041 \\ R^2 = 0.916 \end{cases} \tag{3-6}$$

式中：V_p——塑封法测量结果；

V_v——体积法测量结果。

3.3.4　沥青膜厚度计算方法

(1)传统油膜厚度

油膜厚度是维姆(Hveem)混合料设计方法需要考虑的部分。维姆采用加拿大工程师爱德华兹建立的表面积计算方法，假定每一个集料均需要有一个最优的油膜厚度，模型如图 3-6 所示。

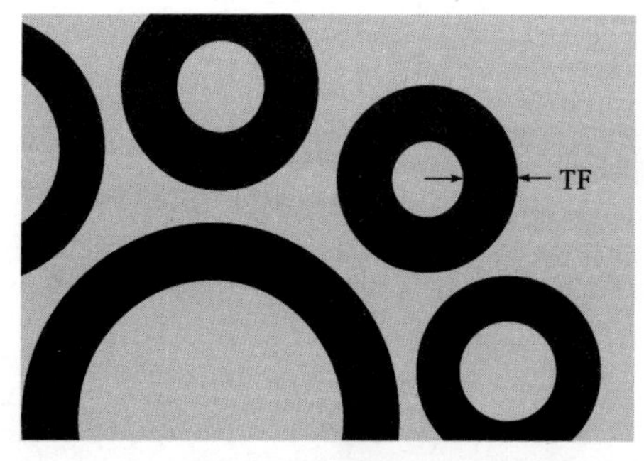

图 3-6　传统油膜厚度

在这个模型中，沥青膜不可以互相重叠，油膜的体积等于有效胶结料用量的总体积，因此也不需要颗粒分布或压实度的任何信息，即这种油膜厚度的算法不依赖 VMA 和空隙率。

在此基础上美国沥青协会的 MA-2 中按下式确定矿料的比表面积(单位:m^2/kg)。

$$A = 0.41 + 0.41a + 0.82b + 1.64c + 2.87d + 6.14e + 12.29f + 32.77g \quad (3\text{-}7)$$

式中:a、b、c、d、e、f、g——分别为 4.75mm、2.36mm、1.18mm、0.6m、0.3mm、0.15mm、0.075mm筛孔的累计通过质量的百分率。

(2)表面积因子推导

式(3-7)中最重要的部分为表面积因子,要推导这些因子,先从通过 $i-1$ 筛的部分集料的表面积开始。按定义当量面积是面积对重量的比值,那么留在第 i 筛的集料当量表面积可以表述为在筛孔界线点范围内的平均当量面积。

$$\mathrm{CR}_i = \frac{3}{\gamma_{i-1}D_{i-1}} + \frac{3}{\gamma_i D_i} \quad (3\text{-}8)$$

式中:CR_i——在(D_i, D_{i-1})筛孔范围内的集料当量表面积,即指留在第 i 筛的集料的比表面积,m^2/kg;

γ_i——集料的有效密度 $\gamma_i = G_{sbi}\gamma_w K_{sph}$,$kg/m^3$;

G_{sbi}——留在 i 筛的毛体积密度;

K_{sph}——球体指数,等于球型表面体除以不规则形状表面积,球形为1,立方体为0.806,圆锥体为0.874。球形指数与等体积条件下非球体与球体表面积相关。

一旦建立了留在筛内的集料当量面积与筛孔的关系,基于集料筛上剩余量的不同粒径的集料的当量表面积可以表述为:

$$\mathrm{SA} = 0.01\sum \mathrm{PR}_i \times \mathrm{CR}_i \quad (3\text{-}9)$$

式中:PR_i——第 i 筛内保留的集料百分比。

据此,可得出传统表面积因子的推导方程:

$$\begin{aligned} \mathrm{CR}_0 &= \frac{3}{r_0 D_0} + \frac{3}{r_1 D_1} \\ \mathrm{CR}_i &= \frac{3}{r_{i+1}D_{i+1}} - \frac{3}{r_{i-1}D_{i-1}} \qquad (i = 1, 2, \cdots, N) \end{aligned} \quad (3\text{-}10)$$

式中:i——筛指数$(i = ,1,2,\cdots,N+1)$,$N=7$ 为 ASTM 的标准筛数;D_8 = 最细筛的孔径。

表3-46中列出了用式(3-10)计算的表面积因子和沥青路面施工规范推荐的数值,两者基本上相同。计算需要集料的有效密度(r)和最细集料 D_8 作为可调参数。通过参数调节,将计算结果和规范的推荐值进行比较后发现:当 $D_8 = 0.03$mm 时,两者的计算结果趋于一致。这说明传统的表面积因子计算时假定最小颗粒粒径为 0.03mm。

计算的表面积因子和我国规范的对比　　表3-46

筛孔级数	筛孔尺寸 D_i(mm)	计算的表面积因子	规范的表面积因子
0	9.5	0.405	0.41
1	4.75	0.408	0.41
2	2.36	0.817	0.82
3	1.18	1.594	1.64
4	0.6	3.012	2.87

续上表

筛孔级数	筛孔尺寸 D_i(mm)	计算的表面积因子	规范的表面积因子
5	0.3	6.060	6.14
6	0.15	12.295	12.29
7	0.075	32.787	32.77
8	0.030	—	—

此外，传统算法中假定集料级配中最小颗粒的粒径为0.03mm，实际情况有很多小于粒径0.03mm的颗粒，这种情况下，集料的比表面积就被低估，特别是矿料用量较多，且粒度偏细的情况下，计算的油膜厚度存在很大的偏差。

(3)新油膜厚度模型

假定颗粒裹覆油膜的厚度与颗粒尺寸无关，即每个颗粒具有相同的油膜厚度。在混合料的拌和、摊铺、压实中，颗粒必然互相接近，在此过程中，必然出现两颗较大颗粒之间的最短距离比裹覆油膜厚度还小的情况。从几何角度考虑，油膜厚度出现了重叠部分。

推荐的模型见图3-7，该油膜包含有效沥青和小于油膜厚度的颗粒。理论上模型集料粒径没有限制，但若颗粒尺寸趋近于零，表面积则趋近于无穷。因此为避免在计算时引起歧义，需要定义集料最小尺寸。因为纯沥青中最大的颗粒约为0.2μm，因此考虑集料的最小尺寸为0.2μm是有意义的。

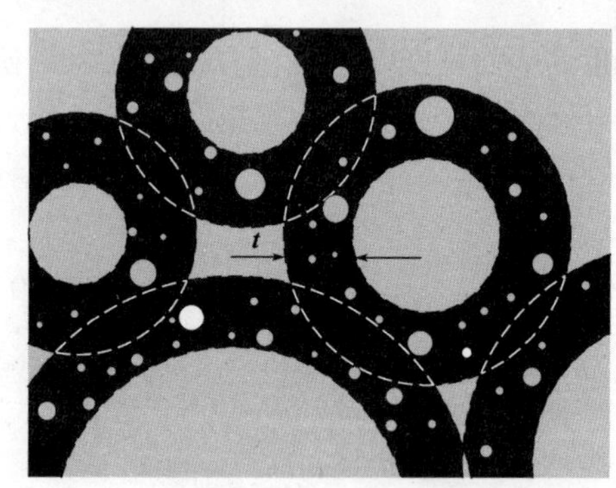

图3-7　改进的油膜厚度模型

隔离膜厚度 t 的定义为空气到集料颗粒表面的最短距离，并认为对于所有集料膜厚是均匀的，把这个壳定义称为“隔离膜”。

隔离膜计算公式基于随机多相材料的统计几何学的理论推导而来。基于图3-7的模型，可得出如下的包含隔离膜厚度的平衡方程：

$$V_{air} = (1-\phi)\exp(-\alpha_1 t + \alpha_2 t^2 + \alpha_3 t^3) \tag{3-11}$$

式中：V_{air}——沥青混合料空隙率；

t——隔离膜的厚度(为讨论方便，仍旧称为油膜厚度)；

ϕ——直径大于隔离膜厚度的集料的体积分量；

α_1、α_2、α_3——基于集料级配的统计参数，按如下公式计算：

$$\alpha_1 = \frac{6qm_2}{m_3} \tag{3-12}$$

$$\alpha_2 = \frac{12qm_1}{m_3} + \frac{18q^2{m_2}^2}{{m_3}^3} \tag{3-13}$$

$$\alpha_3 = \frac{8q}{m_3} + \frac{24q^2 m_1 m_2}{{m_3}^2} + \frac{16q^3{m_2}^3}{{m_3}^3} \tag{3-14}$$

式中：m_1——集料颗粒的平均直径；

m_2——颗粒直径平方的均值；

m_3——直径立方的均值；

q——$q=\phi(1-\phi)$。

和颗粒直径相关的变量 m_1、m_2、m_3 可根据颗粒数量分布确定，即可通过集料的筛分结果计算得出。

(4)沥青膜和传统油膜的区别

传统油膜厚度计算模型和新模型有着显著的差别。传统算法中假定集料级配中最小颗粒的粒径为 0.03mm，实际情况是粒径 0.075mm 以下的颗粒仍有很多小于 0.03mm 的颗粒。这种情况下集料的比表面积就被低估，特别是矿料用量较多，且粒度偏细的情况下，计算的油膜厚度存在很大的偏差。

为了说明矿粉粒度对比表面积计算的影响，在室内使用 HORIBA-300 型激光散射粒度分布分析仪对矿粉的粒度进行测量。分别测试了四个地区的矿粉和消石灰。所有的测试均先过 0.075mm 的筛，以确保颗粒影响测试结果。试验结果如图 3-8 所示，其中图 3-8e)为消石灰。

从图 3-8 中各图可知，不同地区的矿粉由于生产工程及料源的不同粒度分析的结果差别非常大，而这一点对于油膜厚度的计算非常关键。此外，从图中可知，30μm 处的通过率介于 60% ~90% 之间，这意味着粒径小于 0.075mm 的颗粒中存在大量的粒径小于 30μm 的颗粒，而这一点恰是传统油膜厚度算法所忽略的。因此传统算法所提的油膜厚度不仅定义不太适当，而且其小于 30μm 的颗粒忽略不计其表面积的算法存在明显的问题。

通过图 3-8 所示的累计通过率可知，矿粉中包含粒径小于 9μm 的颗粒，占其总质量的 1% ~20%。这一部分比沥青膜厚度小的颗粒和沥青共同组成了所谓的油膜。这部分颗粒的存在说明了新型沥青膜的模型是合理的。

此外，对于松散混合料和压实后的混合料，通过传统计算方法是一样的，这一点和实际情况有很大差别。在实际碾压过程中，随着集料颗粒逐渐接近，胶结料会从接触区域挤出。接触区域的膜越薄，颗粒与空隙之间的油膜越厚。通过新模型的计算公式，可知油膜厚度不仅仅是沥青用量的函数，而且和压实状态密切相关。这一点对于不同岩性的混合料设计来说，具有非常重要的意义。

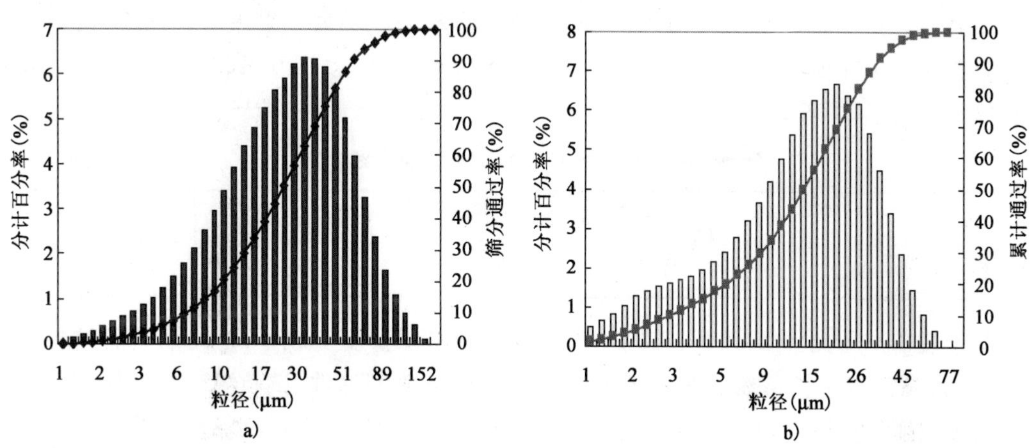

图 3-8

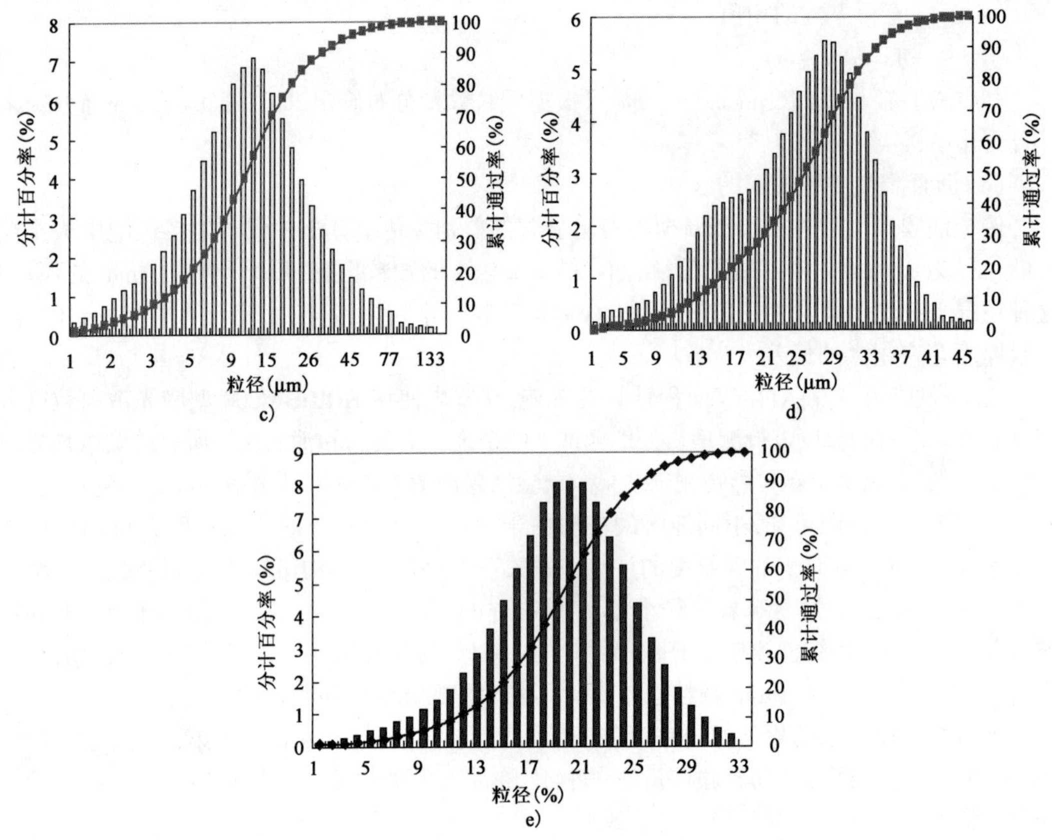

图 3-8 不同矿粉的粒度分布图

另外需要重点指出的是,传统的计算方法中,油膜的成分为 100% 的沥青,而新模型的油膜包括 87% ~89% 的沥青和 11% ~13% 的颗粒(比油膜厚度小的颗粒)。

(5)计算示例

某高速公路罩面采用 STC-10 型沥青混合料,集料为花岗岩。采用旋转压实仪成型,该高速公路累计标准轴载次数大于 30×10^6次,选择压实次数 $N_{初始}=9$,$N_{设计}=125$,$N_{最大}=205$。设计级配如表 3-47 所示。

某高速公路 STC-10 设计级配曲线 表 3-47

筛孔(mm)	13.2	9.5	4.75	2.36	1.18	0.6	0.3	0.15	0.075
通过率(%)	100	95	37.5	27	19.5	12	9.5	7.5	5.5

基于表 3-47 的混合料级配,采用不同沥青胶结料用量压实成型试件,沥青胶结料用量分别为 4.2%、4.7%、5.2%、5.7%,在设计压实次数下成型试件,试验混合料的体积特性及相应油膜厚度计算结果如表 3-48 所示。不同沥青用量下,两种方法计算的油膜厚度对比结果如图 3-9 所示。

不同沥青用量下某混合料的特性及油膜厚度计算比较　　表 3-48

混合料特性	符号	沥青用量(%)			
		4.2	4.7	5.2	5.7
理论最大密度	Gmm	2.619	2.598	2.578	2.557
沥青密度	Gb	1.030	1.030	1.030	1.030
毛体积密度	Gmb	2.474	2.496	2.516	2.531
集料的毛体积密度	Gsb	2.769	2.769	2.769	2.769
吸收沥青用量	Pba	0.530	0.530	0.530	0.530
矿料间隙率	VMA	14.4	14.1	13.9	13.8
传统油膜厚度	TF	6.94	7.93	8.93	9.94
推荐油膜厚度	t	4.94	7.89	12.93	24.92
油膜厚度和沥青用量的回归方程	传统	TF = 1.9969Pb - 1.4506			
	推荐	$t = 6.48\text{Pb}^3 - 87.188\text{Pb}^2 + 396.51\text{Pb} - 602.49$			

从表 3-48 和图 3-9 可看出,按照传统的算法,油膜厚度随沥青用量的增加线性增加;而按照推荐的模型,油膜厚度是沥青用量的三次多项式函数。换言之,如果需要增加油膜厚度,按照新模型的计算公式,需要增加的沥青用量明显少于根据传统公式计算的沥青增加用量。本次设计采用了改性沥青,根据推荐油膜厚度 7 ~ 9μm 反算可得出相应的沥青用量。按传统算法,适宜油膜厚度对应的沥青用量范围为 4.2% ~ 5.2%;基于推荐的模型可得出油膜厚度 7 ~ 9μm 对应的沥青用量为 4.55% ~ 4.85%。需要指出的是,根据 Superpave 体积特性及马歇尔试验结果,上述级配的最佳沥青用量为 4.7%。显然,基于传统算法确定的沥青用量推荐范围有点宽泛,而推荐模型确定的油膜厚度具有明显应用价值。

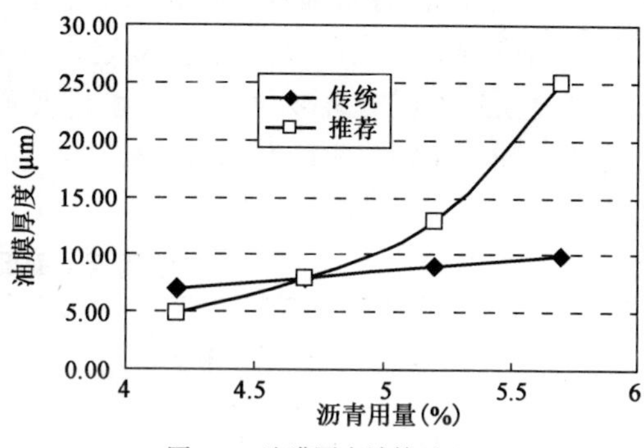

图 3-9　油膜厚度计算对比

3.3.5　配合比设计

(1)配合比设计标准

按马歇尔试验进行配合比设计,同步薄层罩面混合料应符合表 3-49 的要求。有条件时,按旋转压实试验进行配合比设计,同步薄层罩面混合料应符合表 3-50 的要求。

马歇尔试验配合比设计技术标准　　表 3-49

试验项目	单　位	STC	STC-C
击实次数	—	75	75
试件尺寸	mm	ϕ101.6 × 63.5	ϕ101.6 × 63.5
空隙率 VV	%	8 ~ 12	3 ~ 5
矿料间隙率 VMA	%	18 ~ 20	15 ~ 18
沥青饱和度 VFA	%	45 ~ 55	75 ~ 90
稳定度　不小于	kN	≥8	≥7
油膜厚度　不小于	μm	≥9	≥12

旋转压实试样配合比设计技术标准 表3-50

试验项目		单　位	STC	STC-C
设计旋转压实次数		—	100	100
体积指标	空隙率 VV	%	8~15	3~5
	矿料间隙率 VMA	%	17~22	20~25
	沥青饱和度 VFA	%	40~55	80~90
粉胶比		—	0.8~1.6	—
油膜厚度	不小于	μm	≥9	≥12

注:体积指标 VV、VMA 及 VFA 采用塑封法得出。

由于同步薄层罩面混合料有最小油膜厚度的要求(较常规要求的油膜厚度大),需要较多的沥青,但沥青用量不能超过矿料的表面积所能吸附的最大沥青用量,否则就产生多余的自由沥青,引起混合料强度下降和沥青上泛,影响构造深度和高温稳定性。为了确保同步薄层罩面混合料无多余的自由沥青,规定采用析漏试验验证混合料的最大沥青用量。骨架密实型同步薄层罩面具有抗裂性能要求,矿料表面应具有一定厚度的自由沥青,析漏损失试验结果相比常规同步薄层罩面稍大,不大于0.3%,同步薄层罩面混合料配合比验证应符合表3-51的要求。

同步薄层罩面混合料性能验证要求 表3-51

性能试验	试验指标	单　位	技术要求		试验方法
			STC	STC-C	
高温稳定性	动稳定度	次/mm	≥3000		T 0719
水稳定性	浸水马歇尔试验残留强度比	%	≥85	≥85	T 0709
	冻融劈裂试验残留强度比	%	≥80	≥80	T 0729
沥青用量	析漏损失	%	≤0.1	≤0.3	T 0732
	肯塔堡飞散试验损失	%	—	≤8	T 0733
疲劳性能	四点弯曲疲劳(15℃,1000με)	万次	—	≥20	T 0739
抗裂性能	APA 抗反射裂缝能力	万次	—	≥50	—

(2)目标配合比设计

同步薄层罩面混合料组成设计,应遵循现行规范关于热拌沥青混合料配合比设计中“目标配合比、生产配合比及试拌试铺验证”三阶段流程的规定,确定矿料级配及最佳沥青用量。

①根据同步薄层罩面混合料设计经验,结合相关规范规定,提出了同步薄层罩面混合料目标配合比设计步骤如图3-10所示。

②材料选择与准备。

配合比设计所用的各种材料应符合气候和交通条件的需要,其质量应符合规范规定的技术要求。

③矿料配合比设计。矿料级配设计宜根据当地的实践经验选择适宜的沥青用量,分别制作1~3组级配的马歇尔试件,测定VV、VMA等体积指标,确定1组满足或接近设计要求的级配作为设计级配。有条件时,可采用旋转压实法进行矿料配合比设计。

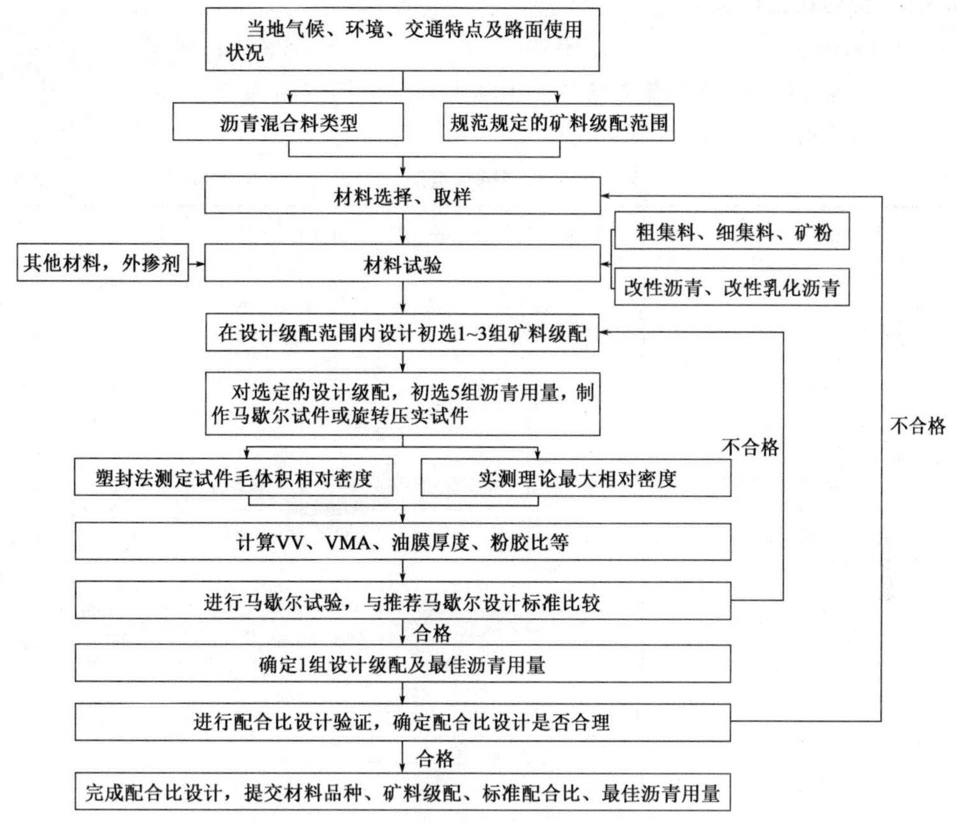

图 3-10　同步薄层沥青混合料设计流程图

④确定沥青最佳用量。按照《公路沥青路面施工技术规范》(JTG F40—2004)中方法，确定马歇尔试件最佳沥青用量和矿料级配。可根据实践经验和公路等级、气候条件、交通情况，调整确定最佳沥青用量。

a. 调查当地各项条件相接近的工程的沥青用量及使用效果，论证适宜的最佳沥青用量。检查计算得到的最佳沥青用量是否相近，如相差甚远，应查明原因，必要时重新调整级配，进行配合比设计。

b. 对炎热地区公路以及高速公路、一级公路的重载交通路段，山区公路的长大坡度路段，预计有可能产生较大车辙时，宜在空隙率符合要求的范围内将计算的最佳沥青用量减小 0.1% ~0.3% 作为设计沥青用量，但同时要保证最小的油膜厚度。对寒区公路、旅游公路、交通量很小的公路，最佳沥青用量可以在 OAC 的基础上增加 0.1% ~0.2%，以适当减小设计空隙率。

⑤配合比设计检验。在最佳沥青用量下成型试件并进行车辙试验、浸水马歇尔试验、冻融劈裂试验和析漏损失等性能验证试验。达不到要求时应按要求采取相应措施，调整最佳沥青用量后再次试验，直至符合要求为止。

同步薄层罩面混合料应根据目标配合比设计结果，按照《公路沥青路面施工技术规范》(JTG F40—2004)规定的方法进行生产配合比设计和试拌试铺检验。

3.3.6 配合比设计示例

(1)原材料设计

①STC-13 混合料的所用粗集料规格为 10 ~ 15mm、5 ~ 10mm 及 3 ~ 5mm,粗集料的测试结果如表 3-52 所示。

粗集料试验结果 表 3-52

检 测 项 目	单位	技术要求	10 ~ 15mm	5 ~ 10mm	3 ~ 5mm	试验方法
集料压碎值	%	≤24	12.4	—	—	T 0316
微狄法尔磨耗损失	%	≤18	—	13.2	—	附录 A
洛杉矶磨耗损失	%	≤25	15.9		17.4	T 0317
表观相对密度	—	≥2.60	2.727	2.724	2.734	T 0304
吸水率	%	≤2.0	0.62	0.74	1.02	T 0304
毛体积相对密度	—	—	2.682	2.670	2.660	T 0304
坚固性	%	≤12	1.4	1.6	2.2	T 0314
两个或多个破碎面	%	≥90	97	96	93	T 0346
针片状颗粒含量	%	≤12	5.3	5.4	6.3	T 0312
水洗法小于 0.075mm 颗粒含量	%	≤1	0.5	0.6	0.8	T 0310
软石含量	%	≤3	0.3	0.5	1.1	T 0320
与沥青黏附性	级	≥5	5	—	—	T 0616
粗集料的磨光值	—	≥42	54	—	—	T 0321

②细集料采用 0 ~ 3mm 的玄武岩,试验结果如表 3-53 所示。

细集料试验结果 表 3-53

试 验 项 目	单 位	技 术 要 求	试 验 结 果	试 验 方 法
表观相对密度	—	≥2.60	2.710	T 0330
毛体积相对密度	—	—	2.658	T 0330
坚固性(大于 0.3mm 部分)	%	≤12	8.4	T 0340
含泥量(小于 0.075mm 的含量)	%	≤3	2.6	T 0333
砂当量	%	≥65	77	T 0334
亚甲蓝值	g/kg	≤2	1.5	T 0349
棱角性(流动时间)	s	≥35	38	T 0345

③矿粉的试验结果如表 3-54 所示。

④同步薄层罩面混合料采用 SBS 改性沥青,本次试验用沥青胶结料的测试结果如表 3-55所示,PG 性能等级 PG70-28。

填料技术指标试验结果　　表3-54

试验项目		单位	技术要求	试验结果	试验方法
表观相对密度		—	≥2.50	2.728	T 0352
含水量(%)		%	≤1	0.1	T 0103
粒度范围	小于0.6mm	%	100	100	T 0351
	小于0.15mm	%	90~100	99.6	
	小于0.075mm	%	75~100	90.3	
外观		—	无团粒结块	无团粒结块	—
亲水系数		—	<1	0.83	T 0353
塑性指数		%	<4	3.1	T 0354
加热安定性		—	实测记录	无明显变化	T 0355

改性沥青试验结果　　表3-55

试验项目		单位	技术要求	试验结果	试验方法
针入度(25℃,100g,5s)		0.1mm	50~80	60	T 0604
延度(5℃,5cm/min)		cm	≥30	35	T 0605
软化点(TR&C)		℃	≥75	88.5	T 0606
密度(15℃)		g/cm^3	—	1.012	T 0603
运动黏度(135℃)		Pa·s	1.0~3.0	1.7	T 0625
闪点		℃	≥230	293	T 0611
溶解度		%	≥99	99.85	T 0607
弹性恢复(25℃)		%	≥85	94	T 0662
离析(48h软化点差)		℃	≤2.5	0.5	T 0661
旋转薄膜加热试验残留物	质量损失	%	-0.5~0.5	0.122	T 0610
	针入度比(25℃)	%	≥75	75	T 0604
	延度(5℃)	cm	≥20	23	T 0605

(2)矿料级配设计

①各档集料的筛分结果如表3-56所示。

矿料筛分结果　　表3-56

矿料规格(mm)	通过下列筛孔(mm)的通过率(%)									
	16.0	13.2	9.5	4.75	2.36	1.18	0.6	0.3	0.15	0.075
10~15	100	73.5	5.3	0.1	0.1	0.1	0.1	0.1	0.1	0.1
5~10	100	100	97.4	0.4	0.1	0.1	0.1	0.1	0.1	0.1
3~5	100	100	100	90.6	1.7	1.0	0.9	0.8	0.8	0.7
0~3	100	100	100	100	84.9	55.8	25.5	14.6	9.7	6.9
矿粉	100	100	100	100	100	100	100	100	99.6	90.3

②对各档集料的密度进行测试,粗集料采用网篮法,细集料采用坍落筒法,结果如

表3-57所示。

各档矿料密度测试结果 表3-57

矿料规格(mm)	10~15	5~10	3~5	0~3	矿粉
毛体积相对密度	2.682	2.670	2.660	2.658	2.728
表观相对密度	2.727	2.724	2.734	2.710	2.728
吸水率(%)	0.62	0.74	1.02	0.72	—

③按照STC-13级配范围要求进行级配设计。设计级配下各档料的比例如表3-58所示，设计级配如表3-59所示，不同配合比下混合料VMA预估值如表3-60所示。

设计级配下各档料比例 表3-58

混合料类型		矿料规格(mm)				
		10~15	5~10	3~5	0~3	矿粉
STC-13	配比A(%)	39.0	34.0	3.0	20.0	4.0
	配比B(%)	22.0	44.0	3.0	26.0	5.0
	配比C(%)	29.0	34.0	4.0	30.0	3.0

混合料设计级配 表3-59

配　　比	筛孔尺寸(mm)									
	16	13.2	9.5	4.75	2.36	1.18	0.6	0.3	0.15	0.075
配比A通过百分率(%)	100	89.7	62.2	26.9	21.1	15.3	9.2	7.0	6.0	5.1
配比B通过百分率(%)	100	94.2	78.0	33.9	27.2	19.6	11.7	8.9	7.6	6.4
配比C通过百分率(%)	100	92.3	71.7	36.8	28.6	19.8	10.7	7.5	6.0	4.9
级配范围(%)	100	80~100	60~80	25~40	20~30	13~20	8~14	6~11	4~9	4~7

不同配合比下混合料VMA预估值 表3-60

配比序号	理论最大相对密度	试件毛体积相对密度	VV(%)	VMA(%)
A	2.501	2.265	9.4	19.5
B	2.499	2.301	7.9	18.2
C	2.499	2.211	11.5	17.4

将设计级配曲线绘制在0.45次幂的坐标轴上，如图3-11所示。比较三种级配曲线，初步选择配比A进行混合料设计。

(3)最佳油石比确定

为了与我国现行混合料设计方法相匹配，以便于施工中的质量控制，特采用我国的马歇尔设计方法对STC-13的配合比进行验证。由此以5.2%为中心，0.5%的油石比为间隔，分别成型5组马歇尔试件，测定其体积指标及马歇尔指标，得出各指标结果汇总如表3-61所示。

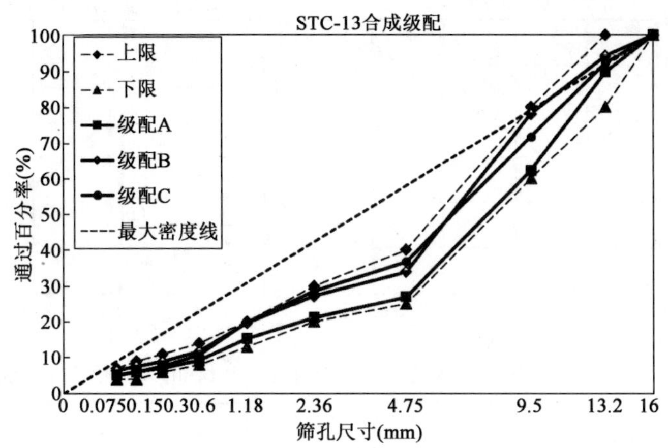

图 3-11　STC-13 三种设计级配曲线

不同油石比下 STC-13 马歇尔指标汇总表　　表 3-61

沥青用量(%)	高度(mm)	毛体积相对密度	VV(%)	VMA(%)	VFA(%)	稳定度(kN)
4.0	63.5	2.221	12.6	20.3	37.9	8.9
4.5	63.7	2.246	10.9	19.8	44.9	10.2
5.0	64.3	2.27	9.2	19.4	52.6	10.2
5.5	62.7	2.288	7.8	19.1	59.2	10.9
6.0	62.9	2.308	6.3	18.9	66.7	8.5
技术要求	—	—	8~12	18~20	45~55	≥8

各马歇尔指标与油石比的关系如图 3-12 所示。

根据规范方法计算 OAC,并考虑到实际应用,综合确定 STC-13 的最佳油石比为 4.9%。

(4)性能验证

在最佳沥青用量下成型试件并进行车辙试验、浸水马歇尔试验、冻融劈裂试验和析漏试验,见表 3-62。

STC-13 性能验证　　表 3-62

试验指标	单　位	试验结果	技术要求
动稳定度	次/mm	5734	≥3000
浸水马歇尔试验的残留稳定度	%	92.5	≥85
冻融劈裂试验的残留强度比	%	91.2	≥80
析漏损失	%	0.08	≤0.1

由性能验证可知,最佳油石比为 4.9% 时,STC-13 混合料性能满足要求。

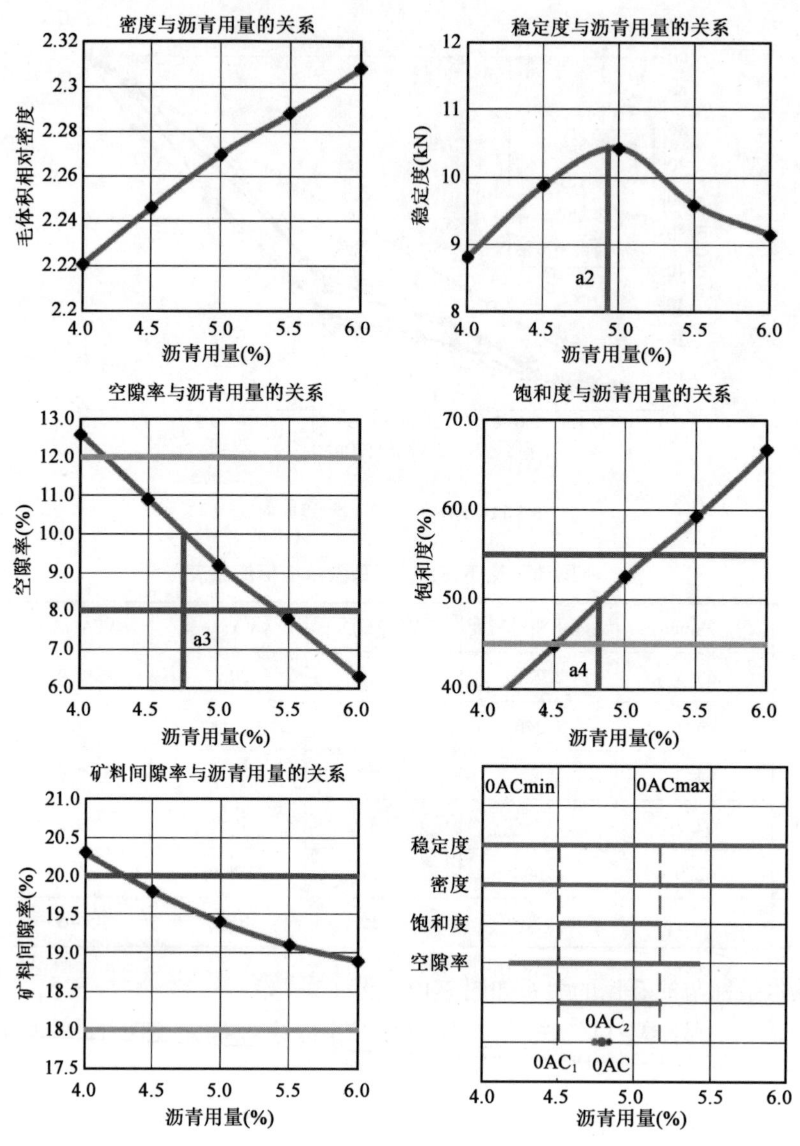

图 3-12 马歇尔指标与油石比关系图

3.4 混合料室内试验对比研究

由于同步薄层罩面混合料施工过程具有一定的特殊性，且需要专用的设备进行施工，国内工程师对同步薄层罩面混合料了解较少，基于此，将 STC 混合料和常规的 AC、SMA 等混合料的性能进行对比，进一步提高对同步薄层罩面沥青混合料技术的认识。

对同一种集料，采用不同的沥青用量，对 Sup-13、AC-13、AK-13、SMA-13、STC-13 五种类型混合料进行 60℃ 马歇尔试验。分析各种级配混合料下马歇尔强度、流值的差别，并结合空隙率、饱和度等体积性能，确定最佳沥青用量。在最佳沥青用量下，对 Sup13、AC-13、AK-13、STC-13、SMA-13 五种类型混合料进行高温性能、低温性能、抗滑性能、水稳定性能试验，并针对 20℃ 劈裂试验，分析劈裂强度和回弹模量之间的差异。

3.4.1 改性沥青

STCbinder是STC-13系统混合料中使用的胶结料。胶结料是基于特定地理位置的气候、交通水平以及车速等因素选择的。本次试验选择的胶结料PG等级为70-28。常规指标的试验结果见表3-63，SHRP指标结果见表3-64。

STCbinder试验结果 表3-63

试验		试验结果	方法		规范
针入度(25℃,100g,5s,0.1mm)		74	ASTM D5	T 0604	60 Min
软化点TR&B(℃)		77.5	ASTM D36	T 0606	60 Min
密度(15℃,g/cm^3)		1.025	ASTM D70	T 0603	实测
针入度指数PI		0.04		T0604	
延度(5℃,5cm/min,cm)		39.3	ASTM D-113	T 0605	30 Min
48h离析(℃)		1.6	ASTM D5976	T 0661	2 Max
旋转黏度(135℃,Pa·s)		1.525	ASTM D4402	T 0625	3 Max
测力延度比(4℃,5cm/min,%)		0.42	ASTM D226		0.3Min
弹性恢复(25℃,%)		97.3	ASTM 6084-97	T 0662	70 Min
旋转薄膜加热试验残留物(163℃,75min)	质量损失(%)	0.04	ASTM D2872	T 0610	1.0 Max
	针入度比(%)	72.3	ASTM D5	T 0604	60 Min
	延度(5℃,cm)	23.2	ASTM D-113	T 0605	20 Min

STCbinder PG分级试验结果 表3-64

原样沥青	测试结果	方法	标准要求
动态剪切70℃ $G^*/\sin\delta$(kPa)	1.831	AASHTO TP5	≥1.0
RTFOT试验后 ASTM D 2872			
动态剪切70℃ $G^*/\sin\delta$(kPa)	2.497	AASHTO TP5	≥2.2
压力老化后 AASHTO PP1			
动态剪切25℃ $G^*\sin\delta$(kPa)	1556	AASHTO TP5	≤5000
蠕变劲度-18℃ (MPa)	236	AASHTO TP1	≤300
m值	0.318	AASHTO TP1	≥0.3
路用性能PG等级	PG70-28		

3.4.2 集料试验

使用四个规格的集料，其中10~15mm、5~10mm、3~5mm、0~3mm采用张家口产玄武岩。各档集料的密度测试结果如表3-65所示，筛分结果如表3-66所示。

材料密度试验结果表 表3-65

矿料	10~15mm	5~10mm	3~5mm	0~3mm	矿粉
毛体积密度(g/cm^3)	2.654	2.646	2.618	2.768	2.721
视密度(g/cm^3)	2.794	2.742	2.721	2.939	2.721
吸水率(%)	1.86	1.32	1.45	2.10	—

集料筛分结果(%) 表 3-66

规格(mm)	筛孔(mm)									
	16	13.2	9.5	4.75	2.36	1.18	0.6	0.3	0.15	0.075
10~15	100	91	19.6	0.5	0.4	0.4	0.4	0.4	0.4	0.3
5~10	100	100	99.7	19.2	4.3	2.6	2.2	2	2	1.9
3~5	100	100	100	95.7	30.5	9.3	6.4	5.2	4.6	4.2
0~3	100	100	100	100	99.5	85.7	52.9	25.8	12.2	5.1
矿粉	100	100	100	100	100	100	100	99.5	85.9	79.5

3.4.3 不同类型沥青混合料级配范围

根据薄层罩面磨耗层级配的要求,并综合考虑磨耗层的相关路用性能,通过现行的级配理论和级配计算方法,参考国内外相关经验和现有材料确定矿料级配。最终选用 AC-13、AK-13、SMA-13、STC-13 和 Sup-13 五种沥青混合料的级配。其中 STC-13 最大粒径为 13.2mm,采用相同的最大公称粒径有利于对级配的比较,因此选用的 AC、AK、SMA 和 Sup 都是 13 型的。

根据《公路沥青路面设计规范》(JTG D50—2017)、《公路沥青玛蹄脂碎石路面技术指南》、《SUPERPAVE 混合料设计》(SP-2)及相关 STC-13 的资料确定出五种沥青混合料的级配要求,如表 3-67 所示。

不同混合料类型的级配范围(%) 表 3-67

筛孔(mm)	类 型									
	AC-13		AK-13		SMA-13		STC-13		Sup-13	
16	100	100	100	100	100	100	100	100	100	100
13.2	95	100	90	100	90	100	85	100	90	100
9.5	70	88	60	80	50	75	60	80		90
4.75	48	68	30	53	20	34	28	38		
2.36	36	53	20	40	15	26	25	32		
1.18	24	41	15	30	14	24	15	23	28	58
0.6	18	30	10	23	12	20	10	18		
0.3	12	22	7	18	10	16	8	13		
0.15	8	16	5	12	9	15	6	10		
0.075	4	8	4	8	8	12	4	7	2	10

3.4.4 沥青混合料设计配比

按照各混合料类型的级配控制方法和对应的级配范围的要求进行级配设计。除 AC-13 外,其他类型的混合料的级配曲线均在禁区下方通过,设计级配下各档混合料的比例如表 3-68 所示,设计级配见表 3-69。

设计级配下各档混合料比例　　表 3-68

类　型	矿　料				
	10 ~ 20mm	5 ~ 10mm	3 ~ 5mm	0 ~ 3mm	矿粉
AC-13	21	22	22	31.5	3.5
AK-13	28.5	29	20	19	3.5
SMA-13	38	43	1	7	11
STC-13	36	38	3	19	4
Sup-13	17	28	31	21	3

混合料设计级配(%)　　表 3-69

类　型	筛孔(mm)									
	16	13.2	9.5	4.75	2.36	1.18	0.6	0.3	0.15	0.075
AC-13	100	98.1	83.0	60.4	42.6	33.2	22.1	13.3	8.4	5.8
AK-13	100	97.4	77.0	47.4	29.9	22.5	15.6	10.1	6.9	5.2
SMA-13	100	96.6	69.3	27.4	20.3	18.4	15.9	13.8	11.4	10.1
STC-13	100	96.8	70.9	33.3	25.6	21.7	15.2	9.9	6.8	5.1
Sup-13	100	98.5	86.2	59.1	34.6	24.7	16.8	10.6	7.2	5.3

(1)混合料设计级配曲线评价

根据上面描述的贝雷法对混合料的级配进行评价,可确定表 3-70 所示的设计级配的 CA、FA_C、FA_F 数值,具体结果见表 3-70。

设计级配的贝雷法评价　　表 3-70

结　果		类　型					范　围
		AC-13	AK-13	SMA-13	STC-13	Sup-13	
传统	CA	0.45	0.33	0.10	0.12	0.60	0.5 ~ 0.65 0.25 ~ 0.4
	FA_C	0.52	0.52	0.78	0.59	0.48	0.35 ~ 0.5 0.6 ~ 0.85
	FA_F	0.38	0.45	0.72	0.45	0.43	0.35 ~ 0.5 0.6 ~ 0.85
改进	CA	0.73	0.61	0.39	0.40	0.97	0.5 ~ 0.65 0.25 ~ 0.4
	FA_C	0.49	0.47	0.73	0.57	0.43	0.35 ~ 0.5 0.6 ~ 0.85
	FA_F	0.35	0.42	0.70	0.42	0.40	0.35 ~ 0.5 0.6 ~ 0.85

(2)混合料实测最大理论密度

根据设计级配下各档混合料的组合状况,确定初始沥青用量。沥青混合料的压实温度根据沥青的黏温曲线确定,本次试验室内拌和温度为175℃;成型温度为155℃。根据《公路工程沥青及沥青混合料试验规程》(JTG E20—2011)中 T 0711 方法测试混合料的理论最大相对密度,各种类型混合料的实测最大理论密度如表 3-71 所示。

实测混合料的最大理论密度 表 3-71

测试结果	混合料类型				
	AC-13	AK-13	SMA-13	STC-13	Sup-13
沥青用量(%)	5.4	5.2	6.5	5.2	5.2
1 号测试结果(g/cm³)	2.559	2.587	2.497	2.547	2.535
2 号测试结果(g/cm³)	2.593	2.564	2.516	2.588	2.530
均值(g/cm³)	2.576	2.576	2.507	2.567	2.533
添加剂量(%)	—	—	0.3	—	—

3.4.5 马歇尔试验结果

混合料采用马歇尔试验测定马歇尔稳定度和流值,以表征混合料的强度和变形能力,主要用于混合料配比设计和施工质量检验。也可通过浸水马歇尔试验结果反映混合料受水损害时抵抗剥落的能力。根据《公路工程沥青及沥青混合料试验规程》(JTG E20—2011)中 T 0709的试验方法进行试验。AC-13、AK-13、SMA-13、STC-13、Sup-13 的试验结果分别如表 3-72 ~ 表 3-76 所示。

AC-13 沥青混合料马歇尔试验结果 表 3-72

沥青用量(%)	高度(mm)	毛体积密度(g/cm³)	空隙率(%)	VMA(%)	VFA(%)	DP(%)	稳定度(kN)	流值(0.1mm)
4.9	67.3	2.387	8.1	14.8	45.4	1.5	10.7	46.8
5.4	65.9	2.430	5.7	13.7	58.7	1.3	13.3	30.0
5.9	66.4	2.479	3.0	12.5	75.7	1.2	13.7	26.7
6.4	65.7	2.453	3.3	13.8	76.3	1.1	14.0	37.8

AK-13 沥青混合料马歇尔试验结果 表 3-73

沥青用量(%)	高度(mm)	毛体积密度(g/cm³)	空隙率(%)	VMA(%)	VFA(%)	DP(%)	稳定度(kN)	流值(0.1mm)
4.7	65.9	2.410	7.2	13.9	48.4	1.4	9.3	55.9
5.2	64.7	2.414	6.3	14.2	55.8	1.2	11.1	61.0
5.7	65.1	2.473	3.2	12.6	74.4	1.1	12.5	63.5
6.2	65.3	2.424	4.4	14.8	70.2	1.0	10.9	61.0

SMA-13 沥青混合料马歇尔试验结果　　表 3-74

沥青用量(%)	高度(mm)	毛体积密度(g/cm^3)	空隙率(%)	VMA(%)	VFA(%)	DP(%)	稳定度(kN)	流值(0.1mm)
6.0	67.3	2.363	6.5	17.1	62.2	2.7	6.1	13.2
6.5	65.9	2.377	5.2	17.0	69.6	2.4	6.6	11.7
7.0	66.4	2.381	4.3	17.3	75.3	2.1	6.5	11.4
7.5	65.7	2.386	3.4	17.6	80.9	1.9	5.3	14.2

STC-13 沥青混合料马歇尔试验结果　　表 3-75

沥青用量(%)	高度(mm)	毛体积密度(g/cm^3)	空隙率(%)	VMA(%)	VFA(%)	DP(%)	稳定度(kN)	流值(0.1mm)
4.7	66.5	2.313	10.6	21.4	50.5	1.4	8.9	17.0
5.2	65.7	2.330	9.2	20.5	55.1	1.2	10.2	17.5
5.7	66.3	2.323	8.8	19.8	55.6	1.1	10.2	18.8
6.2	64.7	2.319	8.3	19.9	58.3	1.0	10.9	20.3
6.7	65.9	2.318	7.6	20.2	62.4	0.9	8.5	19.3

Sup-13 沥青混合料马歇尔试验结果　　表 3-76

沥青用量(%)	高度(mm)	毛体积密度(g/cm^3)	空隙率(%)	VMA(%)	VFA(%)	DP(%)	稳定度(kN)	流值(0.1mm)
4.7	67.3	2.366	7.3	15.4	52.6	1.4	9.6	24.4
5.2	65.9	2.377	6.1	15.4	60.3	1.2	10.4	26.4
5.7	66.4	2.390	4.9	15.4	68.2	1.1	11.1	20.8
6.2	65.7	2.398	3.9	15.6	75.2	1.0	12.8	25.2
6.7	65.4	2.380	3.8	16.7	76.9	0.9	10.1	25.3

注:毛体积密度通过塑封法测量。

按照规范要求,根据马歇尔试验结果及相应的体积指标,并考虑到实际应用,确定实际应用的最佳沥青用量结果见表 3-77。

沥青混合料最佳沥青用量的确定　　表 3-77

测试结果	混合料类型				
	AC-13	AK-13	SMA-13	STC-13	Sup-13
最佳沥青用量(%)	5.4	5.2	6.5	5.2	5.2
油膜厚度(μm)	8.37	9.92	9.02	10.01	9.35
粉胶比(%)	1.31	1.24	1.8	1.2	1.27

根据规范方法计算 OAC,并考虑到实际应用,综合确定沥青混合料最佳沥青用量。

3.4.6　路用性能试验

(1)高温稳定性

高温稳定性是沥青混合料的重要性能之一,沥青混合料是典型的黏弹性材料,温度和载荷是影响其物理力学性能的重要因素。在高温条件下，沥青混合料主要表现为黏性性质，此时在高温条件下或交通荷载的作用下，沥青混合料易发生剪切破坏而形成车辙。车辙的产生既影响路面的平整度，降低了行车的安全性和舒适性，又使路面的维修养护费用有所增加。因此，目前有效地解决沥青路面早期出现车辙问题的措施是提高沥青混合料高温稳定性能。

目前，主要采用车辙试验来评价沥青混合料的抗永久变形（车辙）能力。

在温度为60℃ ±1℃，试验轮压为0.7MPa ±0.05MPa 的条件下进行车辙试验，以检验混合料高温稳定性，五种不同级配类型的沥青混合料的高温车辙试验结果见表3-78。

最佳沥青用量下沥青混合料动稳定度试验结果 表3-78

级配类型	试验温度（℃）	动稳定度（次/mm）				设计要求（次/mm）	试验方法
		1	2	3	平均		
AC-13	60	4750	5608	5355	5237	≥3000	T 0719
AK-13	60	5230	4895	5360	5161	≥3000	T 0719
SMA-13	60	6495	5888	7326	6570	≥3000	T 0719
Sup-13	60	5955	6283	6603	6280	≥2400	T 0719
STC-13	60	4895	5736	5572	5401	≥2400	T 0719

规范对同步薄层罩面技术的动稳定度要求是大于3000 次/mm，由于使用的SBS 改性沥青技术性能较好，因此四种类型的沥青混合料动稳定度都远远大于规范要求，均具有较好的高温稳定性能。STC-13 高温稳定性能较密级配的AC-13 动稳定度要大一些，AK-13 动稳定次数最小（图3-13）。

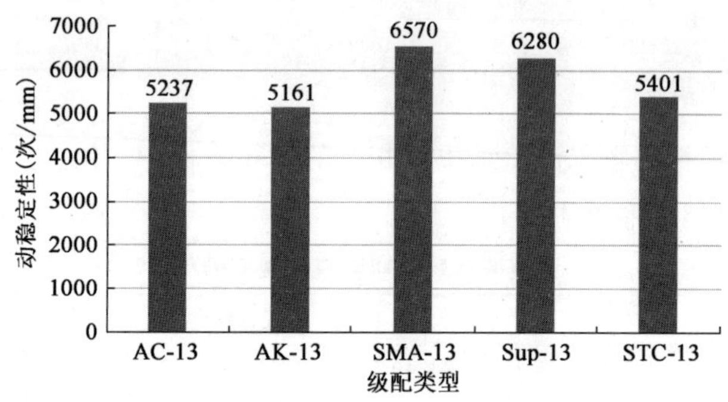

图3-13 不同级配沥青混合料动稳定度对比

（2）低温抗裂性能

沥青混合料的低温稳定性是指在温差较大或温度骤降的情况下抵抗收缩裂缝的能力。一般研究认为，低温开裂分为长时间的温度循环作用下产生疲劳开裂和低温收缩开裂两种主要形式。沥青混合料在低温下若具有较高的强度、较好的抗变形能力和较强的应力松弛能力，则会有较好的低温抗裂性能。本书采用的是沥青混合料的小梁弯曲试验评价混合料的低温抗裂性，评价指标为破坏应变和弯拉强度。具体试验结果见表3-79。

五种沥青混合料的低温弯曲试验结果　　表 3-79

级配类型	破坏时最大荷载 P_B(N)	破坏时的挠度 d (mm)	抗弯拉强度 (MPa)	低温弯曲应变 ($\times 10^{-6}$)	弯曲劲度模量 (MPa)
AC-13	1315.46	0.583	10.75	3036	3539
AK-13	1025.55	0.495	9.58	2486	3870
SMA-13	1275.03	0.639	10.28	3295	3120
Sup-13	1129.11	0.500	9.66	2573	3755
STC-13	1250.97	0.667	11.00	3152	3187

五种不同级配类型的沥青混合料的弯拉应变大小关系是：SMA ＞STC＞AC ＞Sup＞AK,间断级配的 SMA 和 STC 的低温性能最好,其次是密级配的 AC,而 AK 低温性能相对较差;沥青混合料的弯拉应变越大,劲度模量越小,沥青混合料的低温性能越好,劲度模量大小关系是:AK＞Sup＞AC＞STC＞SMA(图 3-14)。

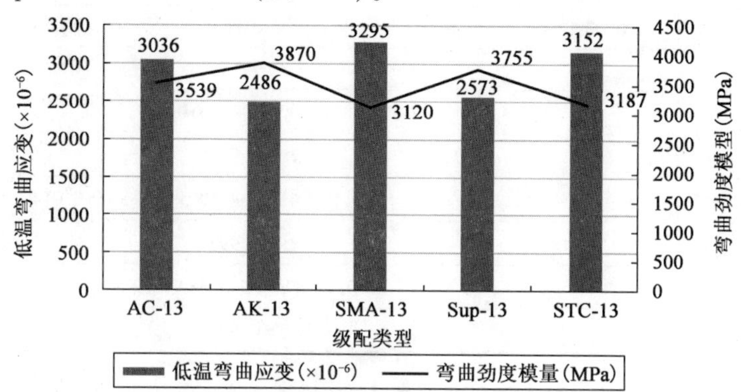

图 3-14　不同级配沥青混合料低温弯曲应变对比

(3)劈裂抗拉强度

劈裂试验属于间接拉伸试验的一种。用于测定沥青混合料在规定温度和加载速率时劈裂破坏或处于弹性阶段时的力学性质,可提供沥青路面结构设计时所用的设计参数,也可用于评价沥青混合料低温抗裂性能。本次试验温度为 15℃ ±0.5℃,加载速率为 50mm/min。

用旋转压实仪成型 Sup-13、AC-13、AK-13、STC-13、SMA-13 试样各三个,压实次数 100 次。利用表干法测定试样的体积特性,并在 20℃时进行劈裂试验。试验结果如表 3-80 所示。可以看出,STC-13 常规厚度试件劈裂抗拉强度与破坏劲度模量与其他类型混合料相比虽不占优势,但相差不大。

各沥青混合料的劈裂试验结果　　表 3-80

测试结果	混合料类型				
	AC-13	AK-13	SMA-13	STC-13	Sup12.5
实际采用沥青用量(%)	5.4	5.2	6.5	5.2	5.2
试样高度(cm)	63.4	65.1	65.6	66.6	65.5
泊松比	0.35	0.35	0.35	0.35	0.35
劈裂抗拉强度(MPa)	1.39	1.32	1.05	1.24	1.17
破坏拉伸应变	0.0091	0.0090	0.0127	0.0113	0.0109
破坏劲度模量(MPa)	289	277	159	205	202

对于用于抗滑表层的 AK-13、STC-13 混合料，制作高度分别为 5cm、4cm、3cm 的试样，在 15℃时进行劈裂试验，试验结果分别如表 3-81、表 3-82 所示。

AK-13 不同厚度试样的劈裂试验结果 表 3-81

指　　标	高度(mm)				
	65.1	51.9	43.2	33.9	推导 2cm
实际采用沥青用量(%)	5.2	5.2	5.2	5.2	5.2
实测理论密度(g/cm^3)	2.576	2.576	2.576	2.576	2.576
空隙率 VV(%)	6.8	7.9	8.9	9.6	—
矿料间隙率 VMA(%)	14.6	15.6	16.6	17.2	—
沥青填隙率 VFA(%)	53.7	49.7	46.4	44.3	—
泊松比	0.30	0.30	0.30	0.30	0.30
劈裂抗拉强度(MPa)	1.32	0.94	0.64	0.38	-0.05
破坏拉伸应变	0.0090	0.0117	0.0134	0.0142	0.0149
破坏劲度模量(MPa)	277	151	90	50	30
强度回归公式	$Y = 0.03X - 0.648$				
相关性	$R^2 = 0.9988$				
应变回归公式	$Y = -2.678 \times 10 - 6X^2 + 9.708 \times 10 - 5X + 0.014$				
相关性	$R^2 = 0.9971$				
模量回归公式	$Y = 0.1298X^2 - 5.5738X + 89.9$				
相关性	$R^2 = 0.9999$				

STC-13 不同厚度试样的劈裂试验结果 表 3-82

指　　标	高度(mm)				
	66.6	51.9	43.3	33.2	推导 2cm
实际采用沥青用量(%)	5.2	5.2	5.2	5.2	5.2
实测理论密度(g/cm^3)	2.567	2.567	2.567	2.567	2.567
空隙率 VV(%)	6.6	5.9	9.5	10.1	—
矿料间隙率 VMA(%)	15.2	14.6	17.8	18.4	—
沥青填隙率 VFA(%)	56.9	59.8	47.0	45.3	—
泊松比	0.30	0.30	0.30	0.30	0.30
劈裂抗拉强度(MPa)	1.24	1.10	0.71	0.50	
破坏拉伸应变	0.0113	0.0109	0.0111	0.0183	
破坏劲度模量(MPa)	205	190	121	51	
强度回归公式	$Y = -0.0004X^2 + 0.0599X - 1.1285$				
相关性	$R^2 = 0.9554$				
应变回归公式	$Y = 1.711 \times 10 - 5X^2 - 1.884 \times 10 - 3X + 0.062$				
相关性	$R^2 = 0.944$				
模量回归公式	$Y = -1.558E-01X^2 + 2.031E+01X - 4.548E+02$				
相关性	$R^2 = 0.9831$				

可以看出，随着试件厚度的减小，STC-13 试件的劈裂抗拉强度与破坏劲度模量要高于 AK-13 试件，但强度、模量随厚度变化的规律性不强，有待于进一步研究。

(4)抗滑性能

路面的抗滑性能直接关系到路面行车的安全性，是路面使用性能的重要组成部分，它与行车安全性具有直接的关系，澳大利亚研究表面：路表宏观纹理水平与大部分路段的车辆相撞事故率密切相关，改善所有低宏观纹理路段，可以制止 13% ~17% 撞车事故的发生。因此，研究沥青路面的抗滑性能十分重要。

目前国内外用于路面抗滑性能检测的设备主要分为两种，一种是用于检测路表构造深度，另一种是用于检测路面的摩擦系数。路面粗构造测试设备分为体积法(Volumetrie)、断面类(Texture Device)和流出仪(Outflow)三类；摩擦系数检测设备可分为定点式摩擦系数测试仪和连续式摩擦系数测试仪 CFME(Continual Frietion Measure Equipment)两种。前者主要指英国的摆式摩擦系数仪 BPT(British Pendulum Tester)，由于目前还没有真正意义上的细构造检测设备，而低速摩擦系数仪可以作为细构造仪的代用品。因此，常用英国的摆式摩擦系数仪 BPT 所测值表征路表细构造。

沥青混合料抗滑性能检测是在室内的车辙板上进行的，采用手工铺砂法测定路面的构造深度。路面构造深度试验是表征路面宏观构造的，路面的宏观构造(即路表裸露集料之间形成的凹凸状况)是影响抗滑性能的重要因素。尤其是在高速及雨天行驶的条件下更加明显。构造深度大的路面不仅可以及时地排除雨水，使轮胎与路面集料直接接触，而且路面上突起的尖棱能够切入轮胎使抗滑阻力增大。构造深度小的路面在雨天高速行车时极易形成水膜，大大地降低路面的行车阻力。

因此，把路面构造深度作为评价路面的抗滑指标是十分必要的。铺砂法的基本原理是将已知体积的砂在路面上摊铺成圆形，然后量出直径并算出圆的面积，将体积除以面积就可得到平均构造深度(MTD)，这种方法常被称为铺砂法。

按照室内试验获得的五种类型混合料的最佳油石比，并在最佳油石比对应的混合料毛体积密度下分别成型车辙板，将成型好的车辙板在室内放置 48h 后，用铺砂仪进行测定。试验结果如表 3-83 和图 3-15 所示。

不同级配混合料的表面构造深度　　表 3-83

级配类型	AC-13	AK-13	SMA-13	Sup-13	STC-13
构造深度 TD(mm)	0.85	1.20	1.13	1.05	1.18

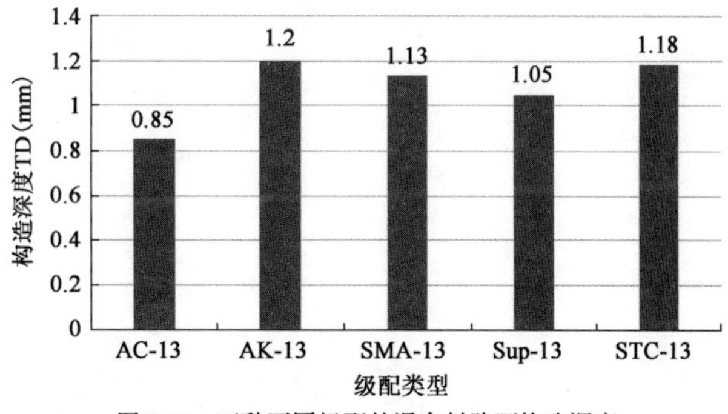

图 3-15　五种不同级配的混合料路面构造深度

由表3-83和图3-15的试验结果可以看出：

(1)法国对于铺砂法测定的超薄磨耗层构造深度要求是大于0.6mm，而我国要求年降雨量大于1000mm时，构造深度系数要求大于0.55mm，本书中的五种不同级配的沥青混合料路面构造深度都符合要求。

(2)STC的构造深度虽然没有AK的好，但它比密级配的AC沥青混凝土路面构造深度提高了19.5%，比Sup沥青路面提高了11%，这表明同步薄层罩面具有较好的抗滑性能。

综上所述，由于所选用的沥青和石料品质都很优良，所以五种不同级配的沥青混合料路用性能都能达到规范要求，但综合考虑沥青混合料的高温稳定性、低温性能、水稳性和抗滑性能可知，STC-13的路用性能较好。

第4章 同步薄层罩面层间黏结材料及性能研究

对于同步薄层罩面技术,要求黏结材料能够快速破乳且迅速恢复黏结能力,并可在高温下能够上升到混合料的空隙中,即要求材料具有超级快裂、早期强度形成快的特点。此外,从易于喷洒的考虑,要求黏结材料黏度略低,但在不增加喷洒量的前提下,较低的黏度却难以达到必要的黏结强度,这种矛盾对黏结材料的技术指标提出了较高的要求,改性乳化沥青就成为一种必然的选择。

4.1 改性乳化沥青

4.1.1 乳化沥青的基本要求

乳化沥青是将加热至融化状态的沥青,经过机械的作用使沥青以细小的微粒状态分散于水中形成的乳状液,可直接用于喷洒或者拌和,从而实现了常温施工。在常温下,这种乳液呈液态,可分为水包油型和油包水型两种类型,如图4-1所示。其中,应用最多的为水包油(O/W)型乳化沥青。

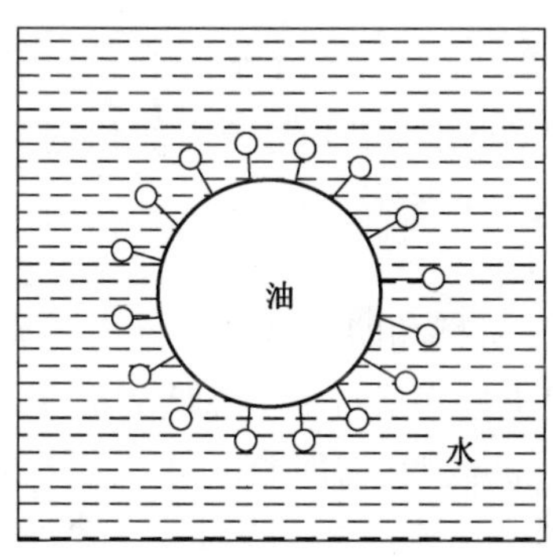

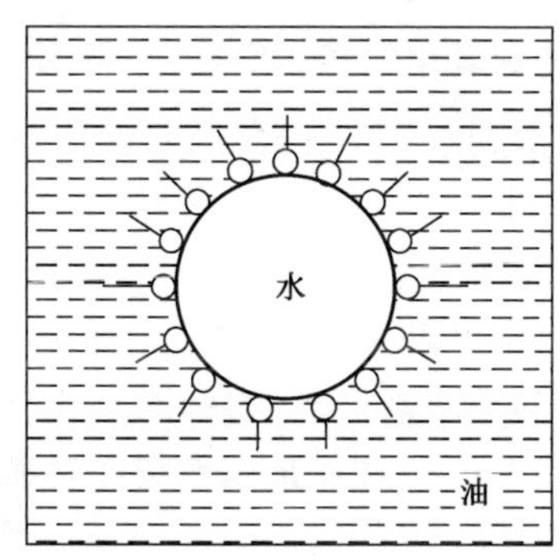

图4-1 乳化沥青微粒状态类型

乳化沥青用于同步薄层罩面层间黏结层施工,必须满足以下两个要求:

(1)生产出的乳化沥青必须能够在使用前保持稳定的乳液状态,不会在储存过程中破乳,即"油水分离";

(2)乳化沥青在喷洒或者拌和后能够按照要求的时间和速度破乳。

同步薄层罩面对改性乳化沥青的要求非常高,一般对其固含量要求较高,且软化点高,延展性好,其质量应符合表4-1的规定。在水泥混凝土层上罩面时,为加强刚性路面与柔性路面之间的连接,提高层间黏结强度,防水黏结层宜采用专用高黏改性乳化沥青。

改性乳化沥青技术指标要求　　表 4-1

试验项目			单位	技术要求		试验方法
				改性乳化沥青	高黏改性乳化沥青	
破乳速度			—	快裂	快裂	T 0658
粒子电荷			—	阳离子(+)	T 0653	
筛上剩余量(1.18mm)		不大于	%	0.1		T 0652
黏度	恩格拉黏度 E_{25}		—	1～15	—	T 0622
黏度	沥青标准黏度计(C25,3)		s	—	12～60	T 0621
蒸发残留物性能试验	含量	不小于	%	62.0	65	T 0651
蒸发残留物性能试验	针入度(100g,25℃,5s)		0.1mm	50～150	40～60	T 0604
蒸发残留物性能试验	软化点	不小于	℃	55	70	T 0606
蒸发残留物性能试验	延度(5℃)	不小于	cm	20		T 0605
蒸发残留物性能试验	溶解度(三氯乙烯)	不小于	%	97.5		T 0607
蒸发残留物性能试验	弹性恢复(25℃)	不小于	%	60	85	T 0662
储存稳定性	1d	不大于	%	1		T 0655
与矿料的黏附性	裹覆面积	不小于	—	2/3		T 0654
拉拔强度(15℃)			MPa	—	≥0.6	

注：当改性乳化沥青需要在低温冰冻条件下使用时，尚需按 T 0656 进行 -5℃低温储存稳定性试验，要求没有粗颗粒、不结块。

4.1.2 沥青乳化的基本原理

将沥青分散到水相中，必然需要做功，所做的功(W)等于沥青表面积的增大值(ΔA)乘以表面张力 γ，即：

$$W = \Delta A \cdot \gamma \tag{4-1}$$

从式(4-1)中可以看出，降低界面张力，可以使机械功明显减小。在实际生产过程中，乳化前将沥青加热成熔融状态(物理能)；乳化过程中使用乳化剂(降低表面张力)；使用乳化机进行研磨(机械能)，往往是三者结合起来应用，机械能、物理能也可以起到乳化剂的作用。

乳化剂是一种表面活性剂，具有表面活性剂的基本特征，其分子结构是由亲油基和亲水基组成(图 4-2)。

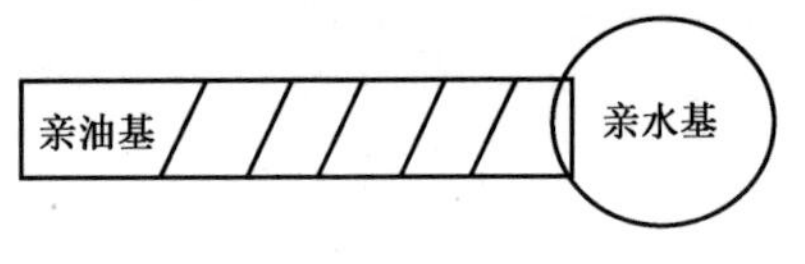

图 4-2　乳化剂分子模型

在制备乳化沥青的整个过程中，乳化剂起到的主要作用有：

①显著降低沥青/水两相界面张力；

②根据 Gibbs 吸附理论，乳化剂必然在界面吸附，形成界面膜，足够的乳化剂可阻止沥青颗粒的凝聚；

③离子型乳化剂可使沥青微粒带上正或负电荷，使沥青微粒间产生静电排斥作用，从而在水相中保持稳定。

(1)降低界面张力

液体表面张力是指液体与含有本身蒸汽的空气相接触时的测定值。在与液体相接触的另一相物质的性能改变时,表面张力会发生变化。表 4-2 为水和沥青的表面张力指数,由此可以看出,水的表面张力与沥青的表面张力相差较大。

液体的表面张力　　表 4-2

液 体 名 称	与液体表面接触的气体	测定温度(℃)	表面张力(kN/m)
水	空气	25	0.072
沥青	空气	>100	0.024

Antonoff 发现,界面张力与两种单纯液体表面张力的关系如下:

$$\gamma_i = \gamma_1 - \gamma_2 \tag{4-2}$$

式中:γ_i——两界面张力,N/m;

γ_1——甲种纯液体的表面张力,N/m;

γ_2——乙种纯液体的表面张力,N/m。

按照界面张力与两种单纯液体表面张力的关系($\gamma_i = \gamma_1 - \gamma_2$),沥青与水的界面张力达到 32.6×10^{-5}N/cm。对乳化沥青来说,正是由于沥青与水的表面张力相差较大,直接将沥青分散在水中要克服巨大的界面张力作用,在沥青和水的接触面上有相互排斥和各自尽量缩小其接触面积的两种作用。因此,在制备乳化沥青过程中,须加入乳化剂降低界面张力,使乳化沥青体系达到稳定状态。

(2)界面膜的稳定作用

界面张力的降低有利于沥青乳液的稳定,但不是决定因素。在沥青和水体系中,乳化剂吸附于沥青微粒的表面,定向排列在水和沥青的界面而形成界面膜。界面膜不仅可降低水与沥青之间的界面张力,还可防止沥青微粒之间的相互碰撞,对沥青微粒起着机械的保护作用,使沥青不产生聚结。

界面膜的强度和紧密程度对乳液的稳定性起着关键性作用。而界面膜的强度和紧密度取决于乳化剂的性能和用量。为了保证乳化沥青的稳定,一般需加入适量的乳化剂,保证有充分的乳化剂分子吸附在油—水界面上,增强界面膜强度和紧密程度。若乳化剂浓度过低,界面上吸附的乳化剂分子不足,界面膜上的分子排列松散,沥青乳液则不能稳定存在。当乳化剂浓度增加到能在界面上形成紧密排列的界面膜,具有一定的强度且足以阻碍沥青颗粒的凝聚时,沥青乳液的稳定性则大大提高。此外,多种混合物质形成的界面膜较单一物质的更为紧密及稳定。

(3)界面双电层的稳定作用

离子型乳化剂在水中电离成离子或离子胶束,使得亲水基团带上电荷。电离的乳化剂分子中亲油基团牢固地吸附在沥青微粒表面,从而使沥青微粒带上电荷。电离的乳化剂分子分布在沥青—水界面上形成吸附层,该分子层一般为单层结构,所带电荷与沥青微粒的电荷正好相反;水相中的反离子由吸附层向外逐渐延伸形成扩散层,扩散层具有一定的厚度,由吸附层和扩散层共同组成了沥青—水界面的双电层结构。由扩散双电层理论可知,沥青微粒四周充满了由反离子组成的离子氛,这些反离子由乳化剂电离和沥青微粒与水的摩擦作用产生。离子氛包围着沥青微粒,反离子使得沥青微粒的电荷作用难以逾越扩散层的厚度。在沥青—水溶液体系中,如果沥青微粒之间的距离继续缩短直至发生了离子氛的叠覆,相互叠覆的离子氛中离子电荷的数量急剧增多,导致离子电荷最初的平衡分布遭到了破坏,离子电荷将会在离子氛中再次进行排列分布,从离子数量多的叠复区域朝离子数量少的未叠复区域移动,沥青微粒由于带的是相同电荷会受到静电作用力的排斥而彼此分离,直到这种排斥力消失为止。恰恰是因为在沥青—水界面上所构建的扩散双电层的电荷排布,使得不断相互靠近的沥青微粒在静电排斥力的作用下不会发生团聚和凝结,从而使乳化沥青可以稳定存在。

4.1.3 乳化沥青的形成过程

在乳化沥青过程中加入适量的乳化剂,不仅可以形成定向的单分子吸附膜,而且能形成复杂的多层吸附膜和乳化剂分子集束,以尽可能地保持其最小的自由能。如果沥青经高速剪切形成细小微粒(0.001 ~0.01mm 范围)而均匀地分散在水中,溶入水中的乳化剂分子会立即在沥青微粒界面被吸附,从而产生新的吸附排列,亲油基一端吸附于沥青内部,亲水基一端吸附于水中,以钳形固定于界面上,从而降低了沥青与水的界面张力。当吸附的乳化剂分子达到饱和状态时,在沥青微粒表面则形成一层被乳化剂分子包封的有一定机械强度的坚固的分子薄膜,使沥青微粒具有亲水性,从而均匀稳定地分散于水中,形成乳化沥青。图 4-3 为沥青乳化过程示意图。

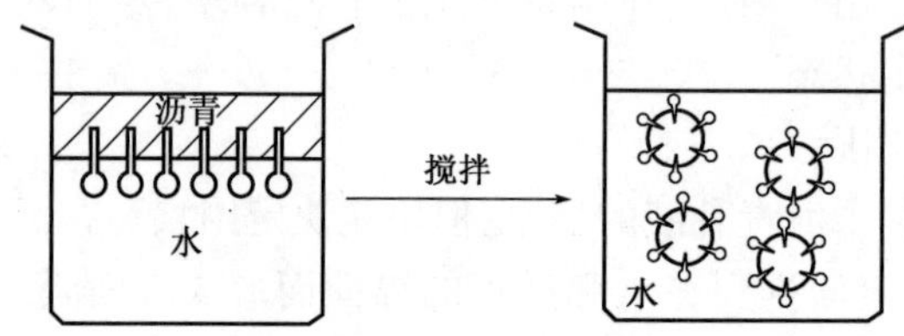

图 4-3　沥青乳化过程示意图

界面张力的高低,表明沥青乳液形成的难易程度。加入乳化剂使体系界面能降低是形成乳化沥青的必要条件,但并不是形成沥青乳液稳定性高低的衡量标志。当沥青微粒相互碰撞时,坚固的界面膜能够防止沥青微粒聚结,形成稳定的沥青乳液。也就是说,只有吸附于沥青微粒表面的乳化剂分子排列得越紧密,界面膜的强度越高,才能形成稳定的乳化沥青。如果选用的乳化剂不能被沥青所吸附,不能将沥青加以包封而形成分散在水中的乳状液,再好的乳化剂也不能作为沥青乳化剂。因此,界面膜的稳定性是影响乳化沥青稳定性的关键因素,要增加乳化沥青的稳定性,就要提高界面膜的强度。

沥青和水的两相界面上的界面张力差,决定着沥青乳液的类型。如果沥青和乳化剂之间的界面张力大于水和乳化剂之间的界面张力,就形成水包油(O/W)型乳化沥青,反之则形成油包水(W/O)型乳化沥青。如果沥青与水溶液之间界面张力差等于零,此时沥青与水混合时,最易乳化。

4.2　改性乳化沥青制备工艺

4.2.1 生产设备

乳化设备性能的优劣对改性乳化沥青的质量、产量、成本以及性能起着主导作用。由于改性乳化沥青微粒的细度和分散的均匀性是影响改性乳化沥青储存稳定性的关键因素,因此,乳化设备是否能使沥青微粒高度分散于乳液中,成为乳化沥青是否制备成功的首要问题。

(1)均化器类乳化机

乳化设备最早使用的设备之一就是均化器,目前工程中常采用的均化器按使用条件的不同,分为高压均化器和低压均化器两类。

均化器的工作原理是皂液和热沥青的混合物在设备压力下从小孔喷出,液流在压力差的作用下体积产生膨胀、扩散,由此而带来沥青微粒之间的激烈碰撞、摩擦作用,使得沥青产生破碎,并且能够均匀分散。这类乳化机可实现流水线式生产,连续生产带来乳化沥青制备产量的提升。均化器与其他乳化设备相比,其主要的优点是均化头处没有旋转部件,因此制造加工比较容易,而且乳化效果也比搅拌式乳化机好。但其缺点是喷头容易堵塞,因此在使用过程中应对沥青和皂液进行仔细的过滤,并且要按时进行喷头的清洗工作。

(2)胶体磨式乳化机

胶体磨式乳化机的关键部件是机腔中的转子与定子。胶体磨的工作原理是沥青和皂液在机械搅拌作用下由进口流入机腔,在转子的高速旋转下,沥青与皂液沿转子与定子的缝隙方向移动。转子与定子的圆锥形构造面上均设有齿槽,因此,沥青在转子高速旋转下,就会在转子与定子的缝隙空间中受到离心力、冲击力和摩擦力的综合作用,从而剪切、破碎成细小的沥青微粒,进而均匀分散在乳状液中。通过调节转子和定子间隙的大小可以相应地制备不同细度的乳化沥青。胶体磨类乳化机体积小、安装运输方便,而且操作简单、精度也较高,是目前最常用的乳化机,而且经过数十年来的演变,国内外已出现了诸如立式、卧式等不同形式的胶体磨,转子和定子的形状也有多种。

生产道路工程用乳化沥青基本是采用机械方法制作沥青乳液,即沥青(或改性沥青)经过机械的强力搅拌、剪切,形成微小的颗粒悬浮在乳化剂水溶液中,成为水包油状的乳状液。生产乳化沥青的核心设备即为胶体磨。单一的沥青胶体磨是不能进行连续而稳定地生产沥青乳液的,还需要有适宜的设备与之配套,完成对液体加温、增压、输送和储存。另需一个乳化剂溶液罐、沥青加热罐带流量仪的泵。胶体磨有一个转速为 17 ~ 100Hz 的高速马达,并带有间隙为 0.25 ~ 0.50mm 的磨头。典型的乳化沥青微粒直径比头发直径还小,为 0.0001 ~ 0.010mm。可以用粒径分析仪检测乳化沥青的品质。沥青微粒的大小取决于胶体磨的机械强度及乳化沥青的乳化能力。

计量胶体磨中的沥青和乳化剂溶液所使用的泵是不一样的,因为乳化溶液是高腐蚀性液体,所以设备要用防腐蚀材料制作。

在乳化过程中,将加热后的沥青进入胶体磨,这能使沥青保持低黏度,将水温调整到最佳乳化温度。这个温度是变化的,取决于沥青的乳化特性和沥青与乳化剂的相容性。从胶体磨中出来的乳化沥青温度必须低于水的沸点,除非使用热交换器,否则沥青温度不能太高。然后用泵把乳化沥青打进储罐。储罐应配备机械搅拌器,确保混合均匀。

(3)剪切机类乳化机

对于剪切机类乳化机,转盘和定盘是乳化机的主要工作部件。转盘和定盘均设计成中空结构,工作面则在转盘与定盘所形成的圆柱面上,圆柱面上均匀分布着与轴线平行的凹形通槽,形成了许多可以产生剪切作用的刀隙套盒。套盒一层固定,一层可以转动。当混合液进入机器中,经搅拌初步破碎、分散后,沥青在高速旋转的转盘所产生的离心力的作用下发生破碎,从而获得高度的分散。这类乳化机的制造精度要求较高,是先改性后乳化生产工艺常用的乳化设备。

4.2.2 改性沥青乳化生产工艺

以各种高分子聚合物为改性材料生产的改性沥青,在我国的道路工程中应用已很普遍。根据改性剂掺加的顺序不同,可以将改性乳化沥青的生产工艺概括为以下三种:先乳化后改性,先制作出乳化沥青然后掺加改性剂进行改性;边乳化边改性,将改性剂先掺配到乳化剂水溶液中,然后与沥青一起进入胶体磨制作出改性乳化沥青,或者是将改性剂、乳化剂、水溶液和沥青同时加入胶体磨制作改性乳化沥青;先改性后乳化,将改性沥青乳化制作出乳化改性沥青。

(1)先乳化后改性。将热沥青和乳化剂水溶液一起通过胶体磨制成普通的乳化沥青,再通过机械搅拌将胶乳状的改性剂加入乳化沥青中,制成改性乳化沥青。操作简便,对设备的要求不高,但是改性剂必须是胶乳状的。

(2)边改性边乳化。这是国外常采用的制备改性乳化沥青的方法,先将改性剂掺配到乳化剂皂液中,然后将沥青与改性的皂液一起加入到胶体磨中制成改性乳化沥青;或者是将改性剂另外放在一个罐子里面,最终在泵送管道中与乳化剂、酸、水等混合后再与沥青一起进入胶体磨。

(3)先改性后乳化。该方法是先将基质沥青进行改性制备成改性沥青,然后将其加热到一定的温度,成为流淌的状态时再与皂液一起进行研磨,制成乳化的改性沥青。

4.2.3 推荐生产工艺

同步薄层罩面专用黏层用喷洒型 SBS 改性乳化沥青。结合实验室生产设备生产条件,基于经前期大量对比试验发现,先乳化后改性和先改性后乳化这两种生产工艺对制得的改性乳化沥青的稳定性影响效应相差较大,其结果对比见表 4-3。

不同生产工艺对稳定性的影响　　表 4-3

试验项目	先改性后乳化	先乳化后改性	指标要求	试验方法
1d 储存稳定性	0.88%	1.2%	≤1%	T 0655

由表 4-3 可知,先改性后乳化生产的 SBS 改性乳化沥青,其 1d 储存稳定性要优于先乳化后改性工艺,且满足规范要求。因此,确定工艺为先用固态 SBS 改性剂直接生产改性沥青,然后再进行改性沥青的乳化。其中包含 SBS 改性沥青的生产方法及改性后沥青的乳化,以下将详细介绍改性乳化沥青的生产工艺。

(1)SBS 改性沥青的生产方法

SBS 改性沥青的生产工艺采用直接混溶法工艺,主要采用胶体磨法。此工艺需经过聚合物溶胀、分散磨细和继续发育三个过程方可制成成品改性沥青。工艺路线如图 4-4 所示。

(2)SBS 改性乳化沥青的生产方法

SBS 改性乳化沥青的生产工艺如图 4-5 所示。即先将沥青加热,对沥青进行改性,形成改性沥青,再把改性沥青和乳化剂水溶液按一定的比例要求放入胶体磨中进行乳化,形成改性乳化沥青。图 4-6 为实验室改性及改性乳化沥青生产一体机。

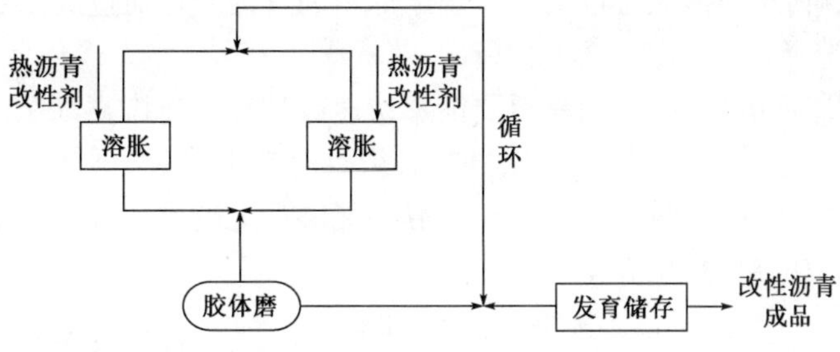

图 4-4　SBS 改性沥青生产工艺图

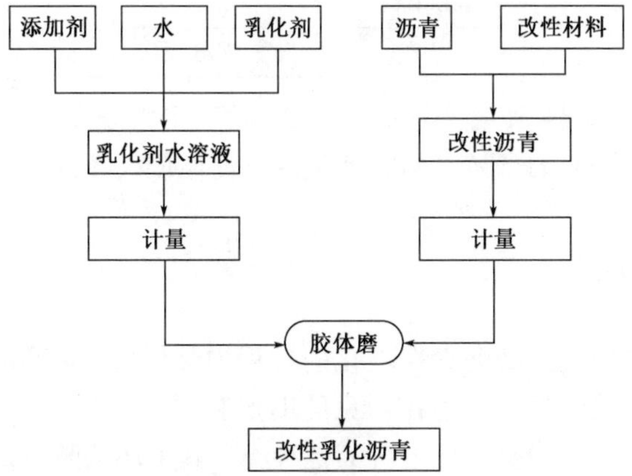

图 4-5　改性乳化沥青生产工艺

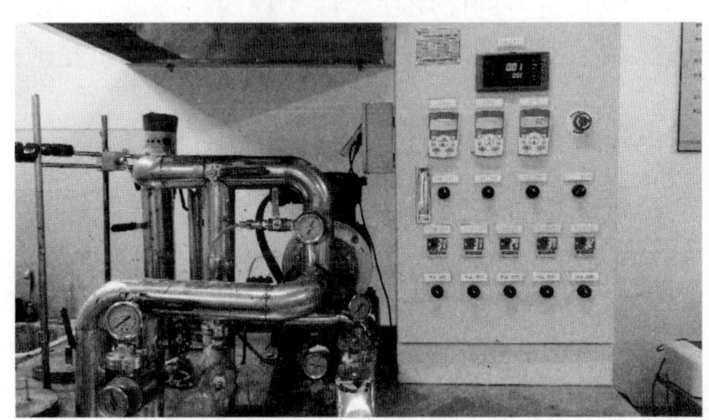

图 4-6　改性及改性乳化沥青生产一体机

4.3　改性乳化沥青配方优化设计

4.3.1　乳化沥青配方的研究

1)原材料的选择

(1)原料沥青的选择

乳化沥青所用石油沥青技术标准采用《公路沥青路面施工技术规范》(JTG F40—2017)规定的原料沥青的性能经过多年的路面应用证明,当初提出的一系列指标可以经受住现在国内的多数交通荷载以及气候条件等因素的考验,所以本研究使用单独一个批次的改性原料沥青进行实验比对,从而最大程度的减少由于原料沥青的变化而造成的数据偏差。

(2)乳化剂的选择

对于同步薄层罩面磨耗层,黏结材料要能够快速破乳且迅速恢复黏结能力,并在高温下能够上升到混合料的空隙中,这就要求该材料必须具有超级快裂、早期强度形成快的特点。而快裂是为了保证乳化沥青在热量的提升作用后,能够马上破乳。综合考虑,选择以下5种乳化剂作为这次比较的对象,见表4-4。

选用的5种乳化剂 表4-4

乳化剂牌号	E-4819	PC-10	EM-44	PC-11	DF-60
供应商	Akzo	CECA	Akzo	CECA	WestVaco
状态	固态	固态	液态	液态	固态

此外,根据是否需要预热、配置皂液的水温高低等不同工艺条件对以上5种乳化剂使用的方便性进行了排列,从PC-11到E-4819,使用的方便性依次降低:PC-11 = EM-44 > PC-10 > DF-60 > E-4819

(3)其他助剂的选择

①沥青助剂。

沥青助剂的主要作用是帮助沥青在乳化的过程中降低乳化消耗的功,在沥青被乳化成乳液后减缓乳化沥青的熵变过程。现在常见的助剂有环烷酸类、塔尔油类以及可以降低物质表面能或帮助SBS在沥青中分散的各种其他种类。其中环烷酸主要应用在阴离子乳化体系中;塔尔油的作用主要是帮助乳化沥青形成裹覆膜,所以更多地被使用在微表处的乳液中;帮助SBS分散类沥青助剂,更多的使用在改性沥青的制备过程中。

本研究沥青助剂选择CECA的CECABASE PC-24,其作用机理是通过降低物质表面活性而减少乳化消耗功。

②乳化体系助剂。

添加乳化体系助剂的目的是为了在不增加沥青用量的前提下,在沥青喷洒后,热料摊铺前,乳化沥青能够形成一个较厚的沥青层,从而保证乳化沥青在热料的作用下上升至混合料高度的2/3。而单纯依靠增加乳化体系中沥青的含量,既会增加乳化的成本,又会对后期乳化沥青的品质造成一系列的负面影响。

大多增黏剂普遍存在的保水性,为此本研究比较了常用的几种增黏剂(CMC、HEC、低分子共聚物、气合SiO_2)的2%水溶液黏度,具体数值见表4-5。其中,HEC的2%水溶液黏度达到18920mPa·s,远大于其他材料,表明其增黏作用优越。而另外几种黏度低的增稠剂主要是靠其保水作用形成的假塑形态增加了乳液的黏度,所以对于需要水分快速蒸发的同步快速处治技术来说,并不适用。

几种典型的增稠剂 表4-5

增稠剂种类	CMC	HEC	聚异丁烯	气合SiO_2
2%水溶液黏度(mPa·s)	800	18920	4563	400

2)配方设计与检测结果

综合以上研究,考虑使用极限值来确定比较5种乳化剂的乳化能力,见表4-6。

不同乳化剂的乳化性能对比　表 4-6

指　标	配　方　A	配　方　B	配　方　C	配　方　D	配　方　E
AH	PMB	PMB	PMB	PMB	PMB
设计含量	67%	67%	67%	67%	67%
温度(℃)	165	165	165	165	165
皂液					
温度(℃)	60	60	60	60	60
PC-11	0.15%				
EM-44		0.15%			
PC-10			0.15%		
DF-60				0.15%	
E-4819					0.15%
pH	2	2	2	2	2
试验结果					
筛上剩余量(0.85mm)	0.013%	0.014%	0.008%	0.14%	0.009%
粒径(μm)					
平均	2.3461	2.3518	2.0479	3.6987	2.0592
中值	2.5418	2.5910	2.2334	4.0592	2.3324
峰值	2.0105	2.0719	1.8392	3.0056	1.8910

从筛上剩余量和粒径分布的结果,将 5 种乳化剂的乳化能力强弱排序如下:

PC-10,EM-4819 > PC-11,EM-44 > DF-60

综合上述的使用便宜性,本研究放弃了 DF-60。按照以下配方制备了 4 种乳化沥青,用来进行后期的一些评价,见表 4-7。

四种乳化沥青配方试验结果　表 4-7

指　标	配　方　①	配　方　②	配　方　③	配　方　④
AH	PMB	PMB	PMB	PMB
PC-24	0.05%	0.05%	0.05%	0.05%
设计含量	67%	67%	67%	67%
温度(℃)	165	165	165	165
皂液				
温度(℃)	60	60	60	60
PC-11	0.3%			
EM-44		0.3%		
PC-10			0.3%	
E-4819				0.3%
HEC	0.02%	0.02%	0.02%	0.02%

续上表

指　　标	配　方　①	配　方　②	配　方　③	配　方　④
皂液				
$CaCl_2$	0.1%	0.1%	0.1%	0.1%
pH	2	2	2	2
乳化沥青试验结果				
针入度(25℃)	85	86	84	83
软化点(°C)	55.4	56.1	57.3	57.1
延度(5℃)	47	47	44	43
弹性恢复(%,25℃)	78	75	80	75
筛上剩余量(0.85mm)	0.008%	0.014%	未测出	0.13%
粒径(μm)				
平均	2.0102	2.1103	1.9042	1.9283
中值	2.2013	2.2114	2.0334	2.0552
峰值	1.9354	2.0019	1.8195	1.8285

4.3.2　评测项目与结果

1)高温条件下乳化沥青动态储存稳定性

同步薄层罩面使用的乳化沥青是在65～80℃下使用和转运的,而且为了保证喷洒时的均匀性,同步施工洒布车的喷嘴较普通的撒布车要小且多,这就对乳化沥青的高温储存稳定性有了更严苛的要求。

将600g、75℃已过0.85筛的乳化沥青灌入1L的保温管中,将保温管固定在旋转仪上,以60r/min的速度开启仪器,转动4h,模拟乳化沥青在运输途中的颠簸状态。完成后对乳化沥青进行过筛和粒径检测,结果见表4-8。

动态储存稳定性检测结果　　表4-8

指　　标	配　方　①	配　方　②	配　方　③	配　方　④
筛上剩余量(0.85mm)	0.034%	0.029%	0.013%	0.017%
粒径(μm)				
平均	2.1314	2.2913	2.0345	2.0556
中值	2.2613	2.3514	2.1367	2.1742
峰值	2.0234	2.1919	1.9195	1.9473

从结果来看,4种乳化剂在高温稳定性方面的表现基本无差异,都可以满足使用的需要。

2)乳化沥青破乳指数试验

前面讲过乳化沥青破乳速度对同步封层施工的重要性,本试验使用的是ATSM D244中的滴定法测试几种乳化沥青的在破乳速度方面的差异。具体结果见表4-9。

四种配方破乳速度　　表4-9

配方类型	配　方　①	配　方　②	配　方　③	配　方　④
破乳指数	68%	65%	73%	70%

所有4种乳化的破乳指数都超过了60%，达到了快裂乳化沥青的要求。

3）混合料推移试验

乳化沥青涂抹在两个不锈钢柱体间，然后在60℃的烘箱中放置24h，确保钢体间水分完全蒸发后，使用推移试验测试仪分别对4种乳化沥青的黏合力进行了测试，具体测试曲线如图4-7所示。

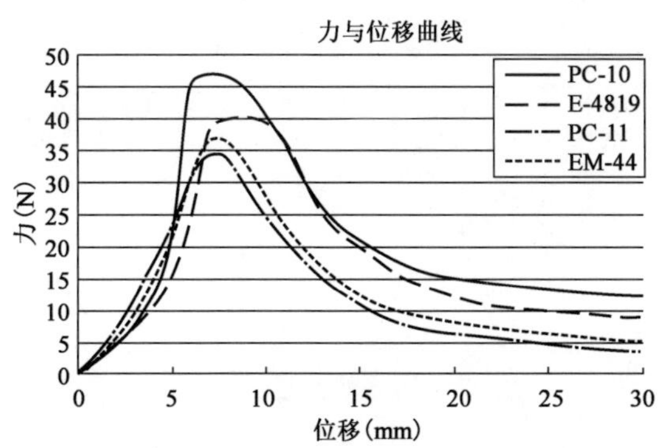

图4-7　乳化沥青的黏合力

其中4种乳化沥青对应的极值及位移测试结果见表4-10。

黏结力测试极值　　表4-10

指　标	配　方　①	配　方　②	配　方　③	配　方　④
最大值(N)	34.4	36.4	46.7	40.3
位移(mm)	7	7	7	9

结论：综合以上的试验数据，PC-10无论在黏结力方面还是乳化能力方面，都有着很好的表现，适合用于同步薄层罩面高品质乳化沥青的生产。

4.3.3　确定乳化剂用量

选定了PC-10乳化剂后，为了研究乳化剂的最佳掺量，取乳化剂用量为0.3%、0.5%、0.7%、0.9%、1.2%，其余条件不变，按SBS改性乳化沥青生产工艺配制成品乳化沥青，在此基础上对乳化沥青筛上剩余量、蒸发残留物三大指标进行试验，具体的试验结果见表4-11。

不同剂量乳化剂的乳化性能对比　　表4-11

PC-10乳化剂掺量(%)	筛上剩余量(1.18mm)(%)	蒸发残留物		
		针入度(0.1mm)	软化点(℃)	5℃延度(cm)
0.3	0.036	85	57.3	44
0.5	0.021	86	57.2	45
0.7	0.015	88	55.9	46
0.9	0.01	83	56.8	43
1.1	0.004	84	57.1	42

为了更直观地反映PC-10乳化剂剂量与其乳化性能之间的变化，将其关系汇成曲线，如图4-8所示。

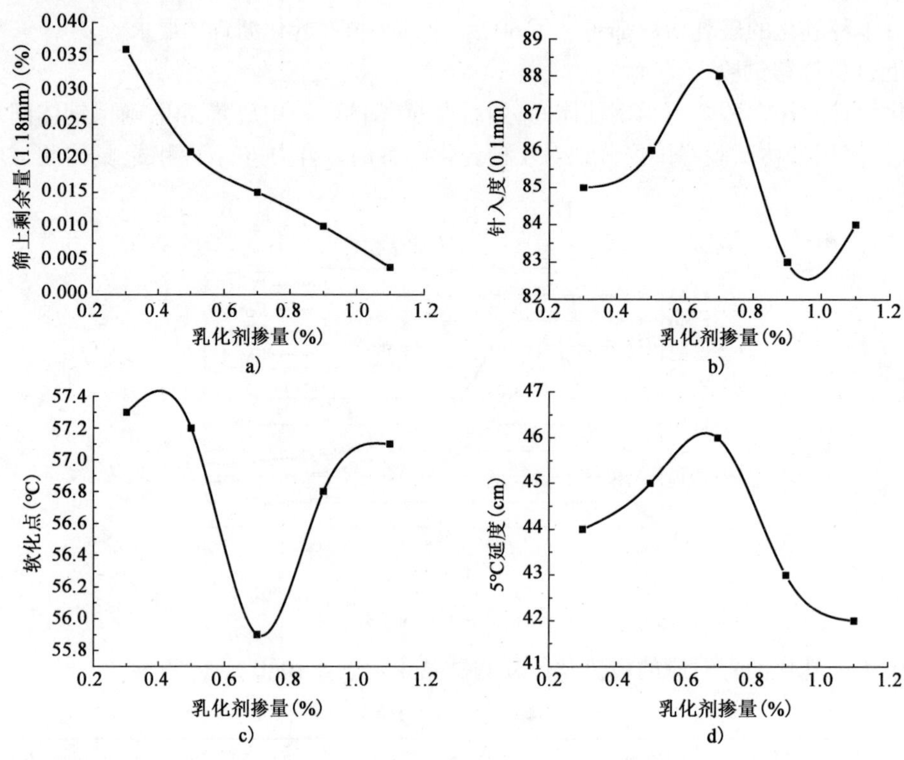

图4-8　不同SBS剂量对改性沥青性质的影响

由上可知：

(1)随着乳化剂掺量的增加，筛上剩余量逐渐减小，且均满足规范规定的不大于0.1%的要求。

(2)乳化沥青蒸发残留物的针入度、延度随乳化剂剂量变化的规律均是先增后减，两个指标基本在乳化剂剂量0.7%左右达到峰值。软化点则在0.7%剂量时出现最低值。总体上看，蒸发残留物三大指标随乳化剂剂量的数值变化波动不是很大。

(3)当乳化剂剂量较少时，难以将沥青分散成细小、均匀、稳定的沥青微粒，乳化效果不佳；待乳化剂达到一定剂量后，即可发挥出更优越的乳化性能，制得性能更佳的改性乳化沥青。综上研究，采用的乳化剂剂量为0.7%。

4.3.4　优化后乳化沥青配方

(1)原材料选择

基质沥青可选择90号或110号道路用石油沥青，改性剂选择791-H或者其他和沥青具有较好配伍性的SBS。根据需要，SBS剂量可选择3.0%～5.0%，乳化剂采用CECA产的PC-10，用量为0.7%。

(2)温度

制备乳化沥青时，先将一定量PC-10的乳化剂溶解在一定量的水中，将水加热到60～70℃，再称取一定量的改性沥青加热至120～130℃，启动胶体磨，将乳化剂热水溶液注入胶体磨中，再缓慢将热沥青倒入进行乳化。

改性沥青温度控制在150～170℃。

(3)乳化剂水溶液的 pH 值

改性乳化沥青乳液 pH 值设计值为 2。

(4)粒径

乳液中沥青颗粒直径在 1 ~ 5μm 范围内。

根据国内外研究及相关文献,结合同步纤维磨耗层的施工特点及本身材料组合特性,提出同步纤维磨耗层材料粘层用喷洒型改性乳化沥青性能指标要求,具体见表 4-12。

喷洒型改性乳化沥青性能指标　　表 4-12

试验项目		单　位	技术指标要求	试验方法
破乳速度		—	快裂或中裂	T 0658
粒子电荷		—	阳离子(+)	T 0653
筛上剩余量(1.18mm),不大于		%	0.05	T 0652
黏度	恩格拉黏度 E_{25}	—	1 ~ 10	T 0623
	沥青标准黏度 $C_{25,3}$①	s	8 ~ 25	T 0621
蒸馏残留物性能试验②	含量,不小于	%	62.0	T 0651
	针入度(100g,25℃,5s)	0.1mm	40 ~ 120	T 0604
	软化点,不小于	℃	50	T 0606
	延度(5℃),不小于	cm	20	T 0605
	溶解度(三氯乙烯),不小于	%	97.5	T 0607
	弹性恢复%,10℃	%	60	T 0662
储存稳定性	1 天,不大于	%	1	T 0655

注:①乳化沥青黏度以恩格拉黏度为准,条件不具备时也可采用沥青标准黏度。

②改性乳化沥青进行蒸馏试验时,必须达到最高温度 204℃ ±5℃并保持 15min。

4.3.5　SBS 改性剂的最佳含量

为得到 SBS 加入剂量对基质沥青改性效果,通过改变不同 SBS 剂量对 90 号基质沥青(表 4-13)进行了改性研究。得到改性乳化沥青性质随 SBS 含量的变化趋势如图 4-9 所示。

基质沥青性能及成分组成　　表 4-13

指　标	A 试验结果	族组成(归一化)	A 成分比例(%)
针入度(25℃)(0.1mm)	82	沥青质	30.64
软化点(℃)	46.7	饱和分	33.05
延度(50℃)(cm)	40	芳香分	32.76
—	—	胶质	3.55

从图 4-9 可知,随加入 SBS 剂量的增加,针入度减小、软化点升高。但是,当 SBS 剂量比例达 6% 以上时,改性效果就几乎没有变化了。从 60℃黏度、5℃延度及弹性范围等改性沥青关键指标看,SBS 剂量比例从 5% 增大到 6% 是比较适宜的。从图 4-9 还可以看出,在 5% ~ 6% 剂量比例范围内,改性沥青的各项性质变化甚优,而小于此剂量比例范围,对某些指标有明显改善,而对另一些指标则效果不大,大于此剂量比例则总体增效甚小。

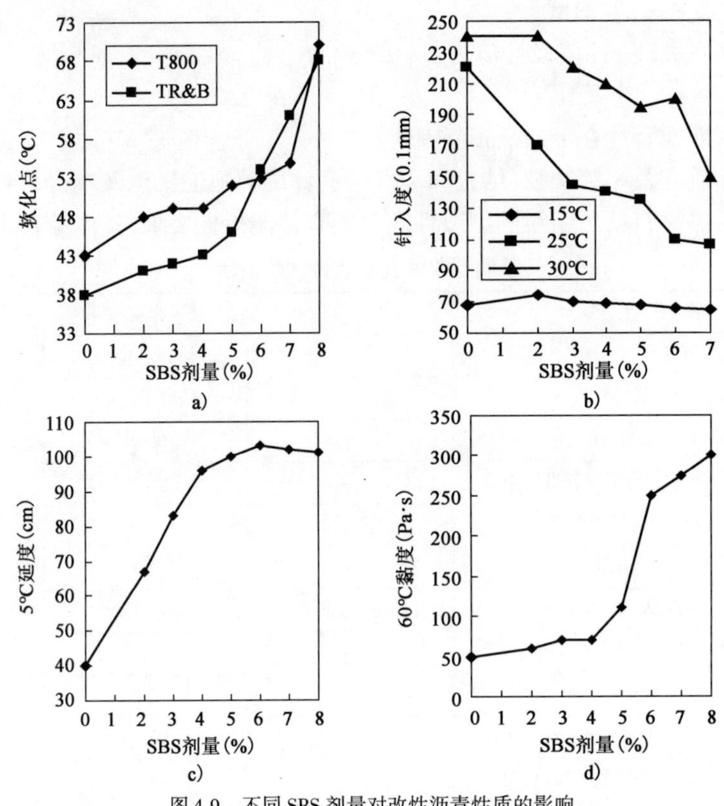

图 4-9 不同 SBS 剂量对改性沥青性质的影响

实际工程上选择改性剂的品种和剂量是个技术性很高的工作,很难简单地说用哪个品种的改性剂就一定好或不好。需要根据所在地区的气候条件、交通条件、经济实力、改性沥青设备条件以及当地沥青路面的主要破坏形式、改性目的综合确定。尤其是改性剂的剂量对试验结果影响并不太大,只能通过技术经济条件综合论证确定。

4.4 层间黏结性能研究

根据同步薄层罩面施工工艺特点,以 AC-13 级配的沥青混合料模拟旧路面,然后在制作好的 AC-13 试件表面涂抹定量的 SBS 改性乳化沥青,待 SBS 改性乳化沥青破乳后,在其表面再黏结一块 AC-13 试件,最终形成以 SBS 改性乳化沥青作为层间黏结材料的复合试件。采用层间直剪仪进行直接剪切试验,研究试件层间黏结强度与试验影响因素之间的关系,以确定 SBS 改性乳化沥青最佳撒布量,验证其适用性。

4.4.1 层间黏结能力测试

(1)黏结强度测试方法

本次试验采用 Bondtest 黏结力试验仪(图 4-10),试验仪剪切速率为 6mm/min。黏结力试验仪通过外置(也可直接读数)设备连接到计算机,直接采集与时间对应的剪力和位移试验数据。该仪器本身不具备温度控制功能,因此需要试件在烘箱内养生,一般情况下在试验温度下养生 4h,可进行试验。一般测试温度为 25℃、40℃ 和 60℃,一组试样为 6 个试件。

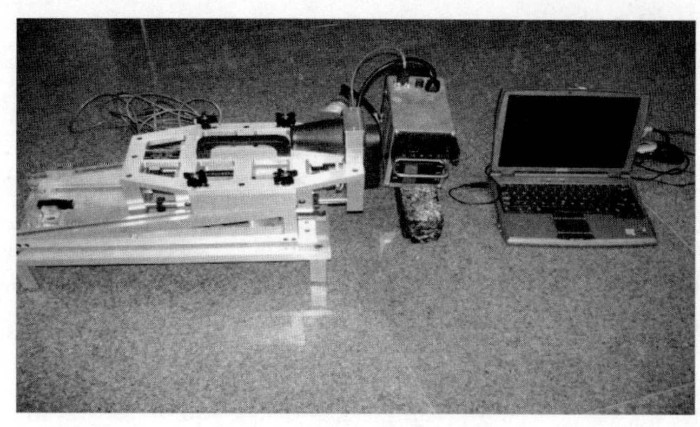

图4-10　黏结强度测试仪器

室内样品通过旋转压实机来成型,成型高度为5.0cm,直径为101.6mm的试样,脱模后冷却,作为底层。将样品放回到旋转压实仪的模具里,在样品表面涂指定数量的乳化沥青。将预热好的"表层"混合料,装入模具后压实,脱模后冷却。

以上成型方法存在一定的不足,因为制作的"底层"并不能模拟现场条件,也无法体现交通的影响。此外,当表层混合料压实成型时,通常会有集料嵌入底层样品中。这样的话,试验结果并不是乳化沥青本身形成的黏结力,而是底层和表层样品摩擦力。

(2)黏结强度测试方案

本研究采用5种成型方法、4种混合料类型、4种乳化沥青,进行了组合测试。

第一种成型方法:首先成型底座,完全冷却后,按设计用量涂抹乳化沥青,将试样(底座)装入试模(高温),倒入上层热沥青混合料,旋转压实100次后,脱模冷却,养护到完全破乳后测试。

第二种成型方法:首先成型底座,完全冷却后,按设计用量涂抹乳化沥青,在阳光下晒到乳化沥青破乳,将试样(底座)装入试模(常温),倒入上层热沥青混合料,旋转压实125次后,脱模冷却即可测试。

第三种成型方法:成型底座和上层沥青混合料样品,完全冷却,而后加热上层到110℃,在底座上按设计用量涂抹乳化沥青,将上层样品直接粘贴到底座上,待试样冷却到90℃后,施加2MPa的压力,持续到完全冷却。样品可在不同温度养护,根据不同的养护时间进行试验。

第四种成型方法:成型底座,完全冷却,按设计用量涂抹乳化沥青,将上层样品从旋转压实机脱模后,直接粘贴到底座上,待试样冷却到90℃后,施加2MPa的压力,持续到完全冷却。样品可在不同温度养护,可根据不同的养护时间进行试验。

第五种成型方法:成型底座和上层混合料样品,完全冷却,再底座上按设计用量涂抹乳化沥青,在室温下将上层样品直接粘贴到底座上,施加2MPa的压力,样品可在不同温度养生,可根据不同的养生时间进行试验。

四种混合料类型分别为AC25、AC20、AC16、STC-10。集料为内蒙古产的花岗片麻岩。黏结力测试用的样品分为三种。

第一种样品:STC-10 + AC16。

第二种样品：AC16 + AC20。

第三种样品：AC20 + AC25。

(3)乳化沥青测试

用于黏结强度测试的乳化沥青的性质见表4-14。

乳化沥青性能指标 表4-14

试验	Polymer	Latex	Kcqs	STCBond	试验方法
赛波特黏度试验25℃(s)	22	22	33	40	T 0623
筛上剩余量试验,850μm(%)	0.01	0.03	0.01	0.002	ASTM D244
蒸发残留物含量(%)	63.1	61.9	61.7	67.7	T 0651
储藏稳定性试验24h(%)	0.8	0.7	0.4	0.21	T 0655
储藏稳定性试验5d(%)	3.5	4.6	0.4	0.21	T 0655
微粒带电	阳离子	阳离子	—	正电	T 0653
破乳速度	—	慢裂	—	—	—
与矿物裹覆面积	—	>2/3	—	—	—
蒸馏残留物性能试验					
针入度,25℃(0.1mm)	—	—	—	86	ASTM D5
软化点(℃)	—	—	—	55.6	T 0606
延度10℃,5cm/min(cm)	—	—	—	59	ASTM D113
弹性恢复10℃(%)	—	—	—	75	AASHTO T301
蒸发残留物性能试验					
针入度,25℃,100g,5s(0.1mm)	92	103	97	—	T 0604
软化点(℃)	48	56.5	47	—	T 0606
延度25℃,5cm/min(cm)	57	>150	>150	—	T 0605
弹性恢复,10℃(%)	83	—	—	—	T 0662
三氯乙烯溶解度(%)	—	99	—	—	

(4)试验结果

对于STC-10 + AC16的样品,分别采用第一、第三、第四、第五种方法成型,测试温度40℃,试验结果如表4-15、图4-11所示。典型测试曲线如图4-12所示。

不同成型方法下STC-10 + AC16黏结力结果 表4-15

次数	成型方法				
	第一种	第三种	第四种	第五种	
				室温养护10h	110℃养护10h
1	46.74	3.85	2.64	4.7	15.12
2	39.42	11.94	1.13	4.55	17.2
3	55.66	3.11	3.85	4.39	17.26
平均	47.27	6.30	2.54	4.55	16.53

对于AC25 + AC20和AC20 + AC16,采用第二种方法成型,试验结果分别如表4-16所示。图4-13用柱状图显示了上述两种样品的试验结果。

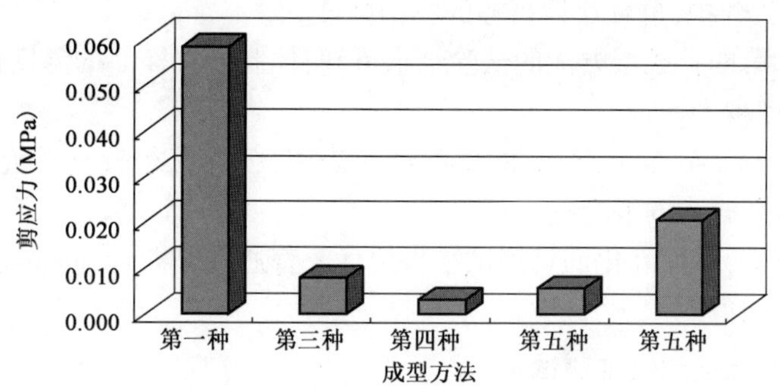

图 4-11　成型方法对黏结强度的影响

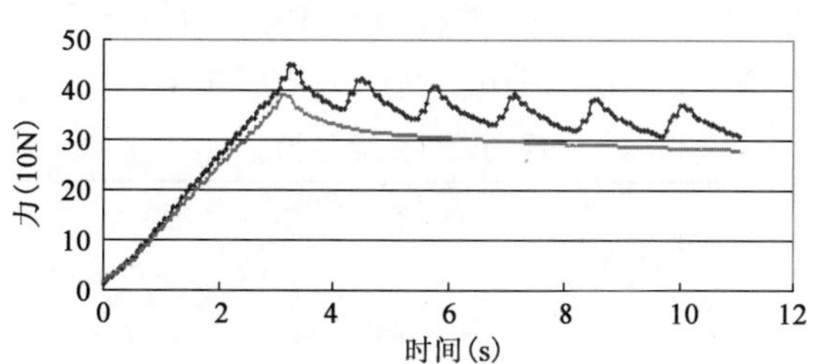

图 4-12　Bondtest 典型测试曲线

黏结强度测试结果　　表 4-16

次　数	乳化类型			
	Polymer	Latex	Kcqs	STCbond
AC25 + AC20	0.050	0.052	0.052	0.060
AC20 + AC16	0.058	0.058	0.057	0.066
备注	测试温度为 40℃			

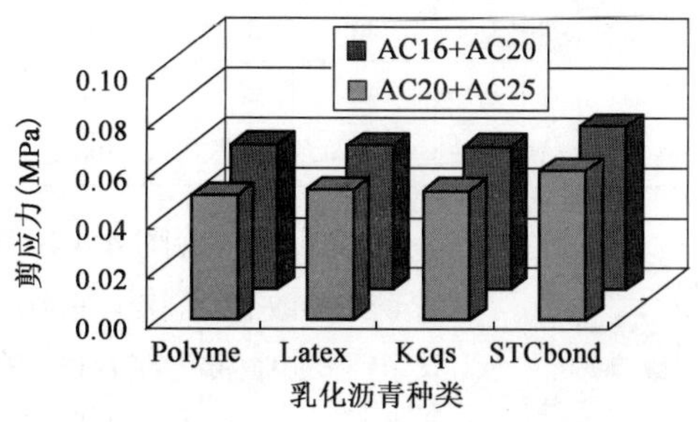

图 4-13　两种混合料采用不同乳化沥青的黏结强度

根据以上的试验结果可知:

①对于第二种热压成型的洁净样品,即使不涂抹乳化沥青,也可获得足够的黏结力,由于集料互相嵌入使层间黏结牢固,黏结效果最好。

②无论是加热上层样品或是旋转压实成型后直接脱模,获得的黏结力均较小,但可以通过一定温度下的养护获得一定的黏结强度。

③两个在室温下粘贴的样品,在室温下即使放置 10h 也只有部分乳化沥青破乳。如经

过高温(110℃)进行养护,也可获得足够的黏结强度。

④由第三种和第四种成型方法的试验结果可知,控制上层样品的温度比较关键,温度越高,获得的黏结强度越大。

⑤AC25 + AC20 和 AC20 + AC16 的试验结果表明,公称粒径较小的混合料获得的黏结力要略优于公称粒径较大的混合料。

由试验结果可知,改性乳化沥青测试结果要优于普通乳化沥青,同步薄层罩面的高黏度改性乳化沥青效果最好。

4.4.2 现场样品层间黏结测试

试件全部在天津某公路施工现场钻取,试验的主要目的是对比普通乳化沥青和高黏度改性乳化沥青的黏结能力,共钻芯 22 个,取样直径 10cm,主要测试了中面层和上面层之间的黏结强度,中面层为 AC20,上面层 AC16。测试结果如表 4-17、图 4-14 所示。

现场试件试验结果　　表 4-17

序号	位置	方向	编号	层间	测试温度(℃)	测试(kg)	试样直径(mm)	黏结强度(MPa)	均值(MPa)	提高(%)
1	行	逆	普通	中上	60	8.43	100.5	0.010	0.011	60.2
	超	逆	普通	中上	60	10.12	100.5	0.013		
	超	逆	普通	中上	60	8.19	100.5	0.010		
2	超	顺	高黏	中上	60	18.15	100.5	0.022	0.018	
	行	顺	高黏	中上	60	11.89	100.5	0.015		
	超	顺	高黏	中上	60	12.79	100.5	0.016		
3	超	逆	普通	中上	40	30.97	100.5	0.038	0.036	19.2
	行	逆	普通	中上	40	25.76	100.5	0.032		
	行	逆	普通	中上	40	29.86	100.5	0.037		
4	行	顺	高黏	中上	40	31.15	100.5	0.038	0.043	
	行	顺	高黏	中上	40	28.77	100.5	0.036		
	超	顺	高黏	中上	40	43.3	100.5	0.053		

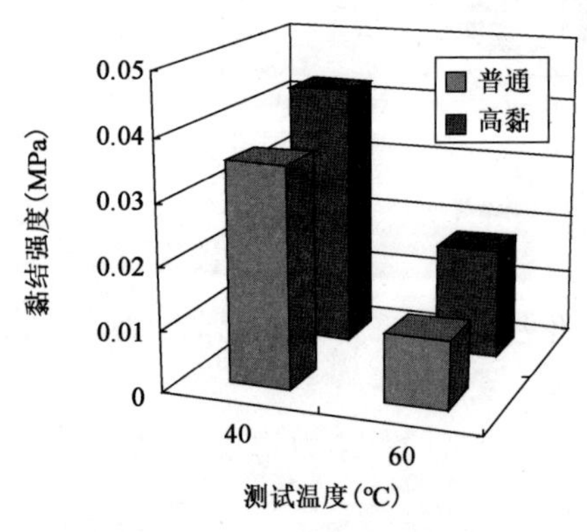

图 4-14　两种乳化沥青现场样品黏结强度测试

从表 4-17、图 4-14 中可看出,高黏度乳化沥青(SBS 改性乳化)在 40℃时黏结强度较普通乳化提高 19.2%,在 60℃时黏结强度较普通乳化提高 60.2%,这充分说明了 SBS 改性乳化的优越性。从上一节水平剪应力的分析可知,只有提高高温区的层间黏结强度,才有助于真正解决沥青路面层间滑移、剪切变形等引起的车辙、开裂、水损害等问题。同步薄层罩面采用高黏度 SBS 改性乳化沥青使得层间的黏结得到充分加强,确定了沥青混凝土磨耗层不会掉皮、掉料。

(1)在 25℃、60℃条件下,两种改性乳化沥青的层间抗剪强度均随着黏层油用量的增大而先增大后减小。在两种温度条件下,两种改性乳化沥青对应的最佳用量均为 0.3L/m²。推荐 SBS 改性乳化沥青对应的最佳用量为 0.3L/m²。

(2)在同一温度条件下,SBS 改性乳化沥青的层间抗剪强度均大于同一用量水平下的普通乳化沥青。可见,研发的 SBS 改性乳化沥青具有优良的层间抗剪切性。

(3)在其余条件相同时,温度越高,层间剪切强度越低。

4.5　改性乳化沥青用量调整

同步薄层罩面最理想的情况是,乳化沥青中的沥青应该上升至混合料厚度 1/3 处,乳化沥青的厚度应该为 5mm 左右。但实际情况是道路的表面状况千差万别,不能一概而论,故此应该根据交通和路表的状况来调整。表 4-18 给出了交通量的影响,表 4-19 为路表状况的影响。

交通量对乳化沥青用量的影响　　表 4-18

交　通	空隙调整 (L/m²)	喷洒量调节(乳化沥青固含量 65%)		
		STC-5(L/m²)	STC-10(L/m²)	STC-13(L/m²)
平均	无	无	无	无
15% ~30% 货车	-0.005	不推荐	-0.05	-0.05
>30% 货车	-0.010	不推荐	-0.10	-0.15
上坡道	-0.005	不推荐	-0.05	-0.05
快车道	+0.005	不推荐	+0.05	+0.05
路肩	+0.010	+0.05	+0.10	+0.10

注:1. 以上的效果是累积的;如果有多于一个条件的地点存在,该份额将会被加在一起。

2. 不推荐表示应该选择其他的(更大的)尺寸。

路表状况对乳化沥青的用量的影响　　表 4-19

现 存 路 面	喷洒率调节(+/ -65% 同步施工沥青混凝土磨耗层 Bond 乳化沥青)				
类　型	状　况	纹 理 深 度	STC-5 型 (L/m²)	STC-10 型 (L/m²)	STC-13 型 (L/m²)
水泥路面	光滑	<0.7mm	-0.1	-0.1	无
	粗燥	1.2mm	无	+0.1	+0.2
	老化	1.7mm	+0.1	+0.2	+0.3
	Profiled 质地	>2.2mm	+0.2	+0.3	+0.4
沥青路面	泛油	(a)	-0.2	-0.2	-0.2
	黑	<0.7mm	-0.1	-0.1	无
	光滑	1.0mm	无	+0.1	+0.2
	粗燥	1.4mm	+0.2	+0.3	+0.4
	干燥	1.9mm	+0.3	+0.4	+0.4
	极端干燥	>2.2mm	+0.4	+0.4	+0.5(+0.1)(b)

续上表

现存路面	喷洒率调节(+/-65% 同步施工沥青混凝土磨耗层 Bond 乳化沥青)				
类型	状况	纹理深度	STC-5 型 (L/m²)	STC-10 型 (L/m²)	STC-13 型 (L/m²)
"1/4"封层	泛油	(a)	-0.2	-0.2	-0.2
	黑	<0.7mm	-0.1	-0.1	无
	光滑	1.0mm	无	无	无
	粗燥	1.2mm	+0.1	+0.2	+0.2
	干燥	1.7mm	+0.2	+0.3	+0.3
	极端干燥	>2.0mm	+0.4	+0.4	+0.4
"1/2"封层	泛油	(a)	-0.2	-0.2	-0.2
	黑	<0.7mm	-0.1	-0.1	-0.1
	光滑	1.0mm	无	+0.1	+0.2
	粗燥	1.5mm	+0.2	+0.3	+0.4
	干燥	1.7mm	+0.3	+0.4	+0.5(b)
	极端干燥	>2.5mm	+0.4	+0.4(b)	+0.4(b)
"3/4"封层	泛油	(a)	-0.3	-0.3	-0.3
	黑	<0.7mm	-0.1	-0.1	-0.1
	光滑	1.0mm	无	+0.1	+0.2
	粗燥	1.7mm	+0.2	+0.4	+0.4
	干燥	2.5mm	+0.3	+0.5(b)	+0.6(b)
	极端干燥	>3.5	+0.4	+0.6(b)	+0.8(b)

注:(a)集料基本埋置表面。

(b)不推荐,考虑预备的细集料或者沙封层。

第5章　同步薄层罩面施工与质量控制方法

5.1　施工设备

5.1.1　同步薄层罩面专用摊铺设备施工

同步摊铺机属于一种特殊的摊铺机，能够喷洒乳化沥青和铺设热拌沥青混合料几乎同时进行，并且一次成型，如图5-1所示。因喷洒乳化沥青在铺设薄层罩面沥青混合料之前进行，因此乳化沥青膜不会被摊铺机或者进料车损坏，也不会被污染。这样可确保乳化沥青瞬间破乳，防止乳化沥青渗漏进空隙或者流淌。

图5-1　同步薄层罩面摊铺机铺筑过程

摊铺机必须确保乳化沥青的准确计量和均匀洒布。喷洒单元由一种可适合任何工作宽度的弹性磨耗层来保护。乳化沥青喷洒装置包括以下的部件：乳化沥青罐、乳化沥青过滤器、进料泵、抽吸泵和喷洒杆等。

5.1.2　摊铺机主要机械设备配置及关键构件

(1)摊铺机主要机械设备配置

同步薄层罩面应采用同步专用摊铺设备施工，并配备相关辅助设备。同步薄层罩面施工的主要机械设备配置见表5-1。

主要机械设备配置　　　表5-1

序　号	机械名称	设备说明	数　量
1	同步专用摊铺设备	同步实现防水黏结层的喷洒及混合料的摊铺	1台
2	装载机	装料	1～2台

续上表

序　号	机械名称	设备说明	数　量
3	间歇式拌和楼	建议最少有4个料仓,筛孔尺寸分别为3mm、6mm、11mm和16mm	1台
4	沥青运输车	运输及储存沥青	1辆
5	双钢轮压路机	吨位11~15t	1~2台
6	乳化沥青加热设备	可将乳化沥青加热至70℃以上	1台
7	小型铣刨机	用于铣刨旧路面过渡段及接缝处理	根据需要配置
8	运输车	5t以上	3~4辆
9	强力清扫机	清扫路面	1台
10	铣刨型标线清除机	铣刨原路面标线	根据需要配置

(2)摊铺机设备关键构件

同步专用摊铺设备的关键构件及功能宜符合表5-2的要求。

同步专用摊铺设备关键构件 表5-2

关键设备	主要构件	功　能	备注说明
乳化沥青喷洒装置	乳化沥青罐、乳化沥青过滤器、进料泵、抽吸泵和平行喷洒杆	实现乳化沥青准确计量和均匀洒布	①5根喷洒杆; ②喷嘴可自动清洗,喷嘴关闭时,在隔断锥体上固定的针会被推动着穿过喷嘴的孔来实现清洗; ③在铺设暂停时,喷嘴自动关闭,支流阀自动允许乳化沥青回流
摊铺装置	弹性熨平板	对螺旋分料器所输送的混合料整平、预压实	①基本宽度为2.5m,可以自由变化至6m; ②附加固定伸展端可将其增至更宽

5.1.3 施工注意事项

(1)同步薄层罩面施工前,应对原路面进行病害处理、清洁干燥。施工前应对路面进行清洁干燥,注意路缘石的保护,同时应采用打磨或铣刨等方式将标线彻底处理干净,对原路面的相关病害进行处理,以保证专用黏层与原路面的黏结性能。

(2)施工前应对拌和楼、压路机等施工机械和设备进行调试,对机械设备的配套情况、技术性能、关键构件等进行检查及标定,并保持良好工作状态。

(3)施工前应对施工地点进行安全管理,封闭局部车道。封闭的车道宽度应根据面层的宽度及施工设备性能确定,既保证对交通运行的干扰最小,又尽量增加施工幅数,以减少纵接缝的数量。

(4)施工前宜选择合适路段铺筑试验段,试验段长度不宜小于300m,宽度不宜小于3.5m。

(5)同步薄层罩面施工各环节的施工温度应符合表5-3的规定。

施工各环节温度控制要求　　表 5-3

工　序	施工温度(℃)		测 量 部 位
	STC	STC-C	
改性沥青现场制作温度	165 ~ 170	170 ~ 185	沥青加热罐
成品改性沥青加热温度 不低于	≥165	≥180	沥青加热罐
集料加热温度	190 ~ 200	190 ~ 220	热料提升斗
混合料出场温度	160 ~ 175	170 ~ 185	运料车
混合料废弃温度	≥190	≥200	运料车
混合料储存温度	拌和出料后降低不超过 10	拌和出料后降低不超过 15	运料车及储料罐
摊铺温度	≥155	≥160	摊铺机
碾压初始温度	≥140	≥150	摊铺层内部
碾压终了温度	≥90	≥100	摊铺层内部
开放交通温度	≤50		路表

5.2　施工工艺

5.2.1　混合料拌和

同步薄层罩面混合料采用沥青拌和厂(场、站)间歇式拌和设备进行拌制。矿料应按规格分别堆放在经硬化的场地上,不得混杂和受污染。矿粉不得受潮。拌和厂设有良好的排水系统。

在混合料进行生产配合比前,必须按照如下步骤,确定各档冷料流量和转速之间的关系:

(1)各冷料仓分别装满不同规格的集料;

(2)移走与水平皮带运输机接头的提升运输机,将装载机置于该处,准备接料;

(3)启动大型水平皮带运输机;

(4)定某一转速,启动 1 号仓的小皮带,开始计时。装载机料斗满料后移走称重,直至接料总重超过 10t 为止或时间超过 5min,记录时间;

(5)根据称料总重及延续时间,计算 1 号仓在该小皮带转速下的流量;

(6)提高小皮带 3 ~ 5 种转速,分别测定 1 号仓相应小皮带转速下的流量;

(7)采用相同方法分别测定其他各冷料仓不同小皮带转速下的流量;

(8)绘制各冷料仓小皮带转速与流量关系曲线。

基于以上步骤,对 4 种冷料进行了转速和流量测定,结果如表 5-4、图 5-2 ~ 图 5-5 所示。

集料转速流量表　　表 5-4

标　定	集料名称	10-15(6 号)					
6 号冷料仓	频率(Hz)	15.0	45.0	70.0			
	质量(t)	1.0	3.1	5.4			
	时间(h)	0.1	0.1	0.1			
	流量(t/h)	12.1	36.9	65.0			
	回归方程	$y = 0.9589x - 3.5349$					

续上表

标定	集料名称	5-10(6号)					
1号冷料仓	频率(Hz)	11.0	45.0	85.0			
	质量(t)	0.8	3.7	4.5			
	时间(h)	0.1	0.1	0.1			
	流量(t/h)	9.2	44.7	53.8			
	回归方程	$y = 0.592x^2 + 8.0517$					
标定	集料名称	4-6(4号)					
4号冷料仓	频率(Hz)	15.0	43.0	70.0			
	质量(t)	0.9	3.7	5.4			
	时间(h)	0.1	0.1	0.1			
	流量(t/h)	10.4	44.7	64.5			
	回归方程	$y = 0.9844x - 2.1364$					
标定	集料名称	0-3(2号)					
2号冷料仓	频率(Hz)	15.0	45.0	70.0			
	质量(t)	1.3	4.3	6.0			
	时间(h)	0.1	0.1	0.1			
	流量(t/h)	15.4	51.6	72.4			
	回归方程	$y = 1.0424x + 1.2686$					

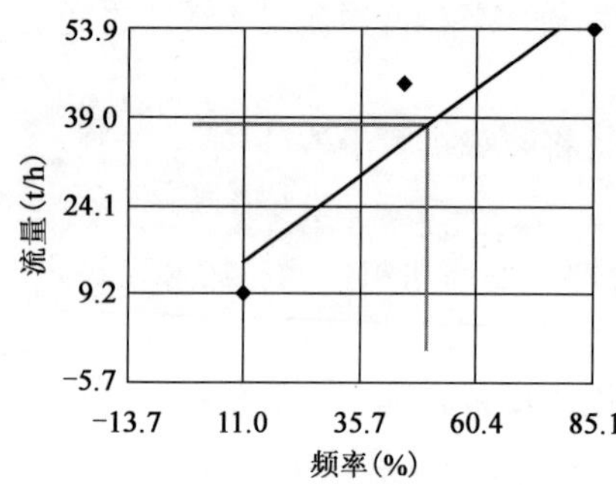

图 5-2　粗集料 10 ~ 15mm 频率和流量的关系图

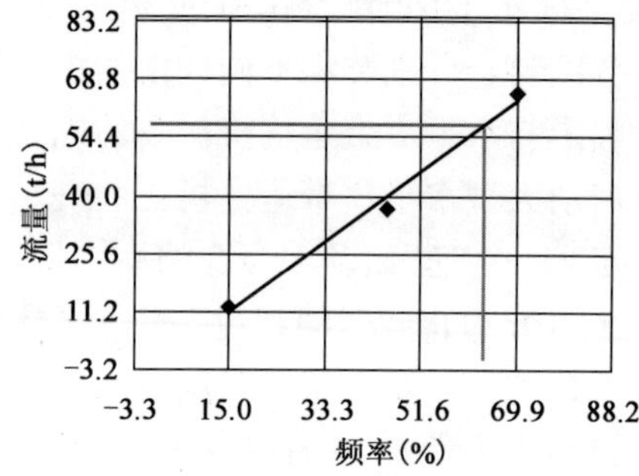

图 5-3　粗集料 5 ~ 10mm 频率和流量的关系图

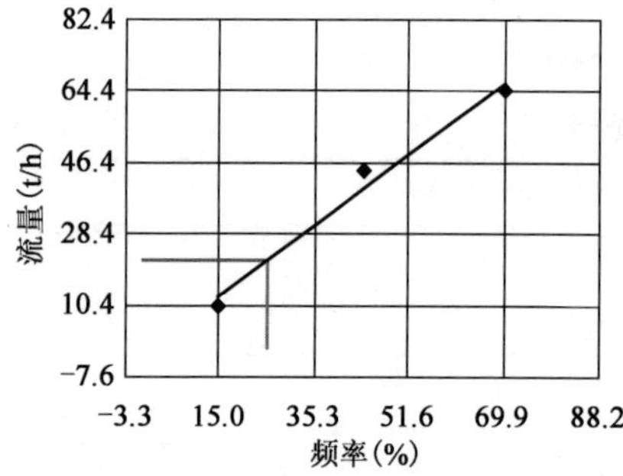

图 5-4　集料 3 ~ 5mm 频率和流量的关系图

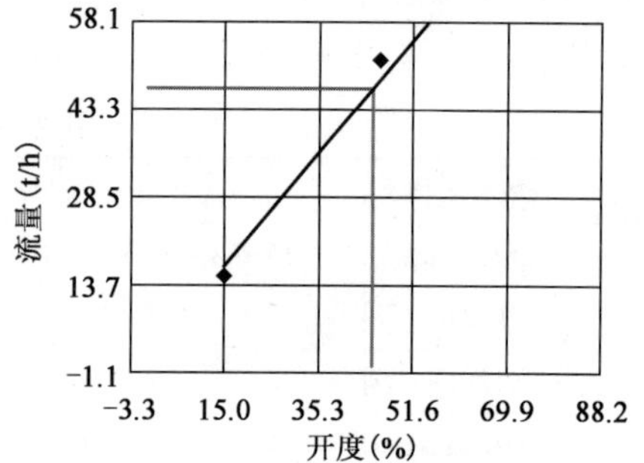

图 5-5　细集料 0 ~ 3mm 开度和流量的关系图

试验室配备足够的国内较先进的仪器设备：自动击实仪、自记马歇尔试验机、测定沥青含量装置等主要设备。在生产混合料之前应该用“不加沥青的集料”来检测级配。

间歇式拌和机宜配备自动记录设备，在拌和过程中应逐盘打印沥青及各种矿料的用量、拌和温度。

混合料拌和时间应经试拌确定。沥青材料应采用导热加热，混合料应拌和均匀，所有矿料颗粒应全部裹覆沥青。沥青混合料拌和时间不宜少于45s，其中干拌时间不得少于5s。

拌和的混合料不立即铺筑时，必须储存在保温的储料仓中，为防止混合料温度降得过低，应该避免长期储存混合料。有保温设备的储料仓储料时间不得超过12h，储存期间降温不应超过10℃，且不得发生结合料老化、滴漏以及粗集料颗粒离析。

拌和楼振动筛规格应与矿料规格相匹配，宜按表5-5规定进行设置，并可按实际拌和楼振动筛孔情况进行调整。

拌和楼筛网推荐设置　　表5-5

混合料类型	振动筛筛孔尺寸(mm)			
	1号	2号	3号	4号
STC-5、STC-5C	6	3	—	—
STC-10	11	6	3	—
STC-13	16	11	6	3

5.2.2　混合料运输

混合料可使用通常的热拌沥青混合料运料车运输。为防止沥青与车厢黏结，车厢侧板和底板可涂一薄层植物油和水的混合物。运料车应备有篷布等保温、防雨、防污染的措施。

混合料运输车的运量应比拌和能力或摊铺速度有所富余，施工过程中摊铺机前方应有2～3车运料在等候卸料。

摊铺过程中，运料车不得撞击摊铺机，并应停在摊铺机前10～30cm处，卸料过程中运料车应挂空挡，靠摊铺机推动前进。

混合料运至摊铺地点后应检查混合料拌和质量，包括现场温度检测及均匀性色泽等外观质量。

5.2.3　混合料摊铺

同步薄层罩面应采用同步专用摊铺设备进行摊铺。松铺系数应根据混合料类型由试铺试压确定，宜采用的松铺系数为1.15～1.2。

改性乳化沥青喷洒量应根据下承层的类型通过试洒确定。一方面保证原路面与黏结层的高强黏结，另一方面应在同步薄层罩面混合料摊铺后尽快破乳。

如有条件可采用转运车，以确保混合料的温度和摊铺的速度。熨平板必须预热；前一至两个热混合料装载应该以上限温度运送。沥青混合料摊铺温度比普通沥青混合料的摊铺温度有所提高，不低于165℃。摊铺速度一般在5～25m/min。

5.2.4　混合料压实

同步薄层罩面碾压严禁使用轮胎式压路机，同步薄层罩面宜采用2～3台吨位11～15t

的双钢轮压路机静压2～3遍,碾压应按表5-3要求严格控制碾压温度,并在路面温度降至90℃之前完成。

混合料在摊铺后有一定作业面即可开始碾压,尽可能高的温度状态下开始碾压,压路机紧跟摊铺机向前推进的进行碾压,碾压段长度大体相同,每次压到摊铺机跟前后折返碾压,碾压速度不得超过10km/h。

在当天施工结束后,不准将压路机或其他车辆停放在已经施工的罩面层上。压路机加水等需要短时间停放的,停放在终压完成的段落。

同步薄层罩面应待摊铺层自然冷却,混合料表面温度低于50℃后,方可开放交通。

5.2.5 接缝处理

同步薄层罩面施工时应保证接缝紧密、连接平顺,不得产生明显的接缝离析。为了尽量减少横向接缝,在同步薄层罩面施工过程中,必须最大限度地保证摊铺机连续施工。对于施工过程中新旧作业面引起的横向接缝,应采用垂直的平接缝。

每天施工即将完时,在2m范围内铺砂,待碾压完后,用3m直尺检查平整度,将大于1.5mm的部分,用切割机切割后挖除,使工作缝成直角连接。切割不得损伤下层路面,切割后留下的泥水必须冲洗干净,待干燥后涂刷黏层油。第二天摊铺前将摊铺机熨平板置于原路面接缝处先预热45min左右,使连续面的温度升到70℃以上便于连接。铺筑新混合料后,压路机先进行横向碾压,再纵向碾压成为一体,充分压实,连接平顺。

基于施工经验,建议同步薄层罩面的摊铺宽度为一个车道,这样施工形成的纵缝恰好位于标线上,不会影响路表面的视觉效果。

为了使同步薄层罩面的纵缝平顺,应最大限度地使同步薄层罩面铺筑宽度一致,如发现摊铺宽度差别较大,在路表面形成波动较大的曲线,应在混合料尚未完全冷却前用镐刨除边缘,使留下的毛茬尽量形成直线,绝对禁止冷却后采用切割机作纵向切缝。

5.3 施工质量控制及竣工验收标准

5.3.1 沥青混合料质量控制

沥青混合料生产应按表5-6规定的项目和频度检查沥青混合料产品的质量,如实计算产品的合格率。单点检验评价方法应符合相关试验规程的试样平行试验的要求。

混合料的频度和质量要求 表5-6

<table>
<tr><th colspan="2" rowspan="2">项　目</th><th rowspan="2">检查频度及单点检验评价方法</th><th colspan="2">质量要求或允许偏差</th><th rowspan="2">试验方法</th></tr>
<tr><th>高速公路、一级公路</th><th>其他等级公路</th></tr>
<tr><td colspan="2">混合料外观</td><td>随时</td><td colspan="2">观察集料粗细、均匀性、离析、沥青用量、色泽、冒烟、有无花白料、油团等各种现象</td><td>目测</td></tr>
<tr><td rowspan="2">拌和温度</td><td>沥青、集料的加热温度</td><td>逐盘检测评定</td><td colspan="2">符合本规程规定</td><td>传感器自动检测、显示并打印</td></tr>
<tr><td>混合料出厂温度</td><td>逐车检测评定</td><td colspan="2">符合本规程规定</td><td>传感器自动检测、显示并打印,出厂时逐车按T 0981人工检测</td></tr>
</table>

续上表

项目		检查频度及单点检验评价方法	质量要求或允许偏差		试验方法
			高速公路、一级公路	其他等级公路	
拌和温度	混合料出厂温度	逐盘测量记录，每天取平均值评定	符合本规程规定		传感器自动检测、显示并打印
矿料级配（筛孔）	0.075mm	逐盘在线检测	±2%	—	计算机采集数据计算
	≤2.36mm		±5%	—	
	≥4.75mm		±6%		
	0.075mm	逐盘检查，每天汇总 1 次取平均值评定	±1%	—	总量检验
	≤2.36mm		±2%	—	
	≥4.75mm		±2%	—	
	0.075mm	每台拌和机每天 1～2 次，以 2 个试样的平均值评定	±2%	±2%	T 0725 抽提筛分与标准级配比较的差
	≤2.36mm		±5%	±6%	
	≥4.75mm		±6%	±7%	
沥青用量		逐盘在线监测	±0.3%	—	计算机采集数据计算
		逐盘检查，每天汇总 1 次取平均值评定	±0.1%	—	总量检验
		每台拌和机每天 1～2 次，以 2 个试样的平均值评定	±0.3%	±0.4%	抽提 T 0722、T 0721
马歇尔试验：空隙率、稳定度、流值		每台拌和机每天 1 次，以 4～6 个试件的平均值评定	符合本规程规定		T 0702、T 0709
浸水马歇尔试验		必要时	符合本规程规定		T 0702、T 0709
车辙试验		必要时	符合本规程规定		T 0719

注：1. 单点检验是指试验结果以一组试验结果的报告值为一个测点的评价依据，一组试验（如马歇尔试验、车辙试验）有多个试样时，报告值的取用按《公路工程沥青与沥青混合料试验规程》的规定执行。

2. 对同步薄层罩面，矿料级配和沥青用量必须进行总量检验和抽提筛分的双重检验控制，互相校核。沥青用量抽提试验应事先进行空白试验标定，提高测试数据的准确度。

5.3.2　施工质量控制标准

同步薄层罩面铺筑过程中应随时对铺筑质量进行评定，质量检查的内容、频度、允许差应符合表 5-7 的规定。

同步薄层罩面施工过程质量控制标准　　表 5-7

项目		检查频度及单点检验评价方法	质量要求或允许偏差	试验方法
外观		随时	表面平整密实,不得有明显轮迹、裂缝、推挤、油斑、油包等缺陷,且无明显离析	目测
接缝		随时	紧密、平整顺直、无跳车	T 0931
乳化沥青撒布量		每罐检测	10%	总量检测
施工温度	摊铺温度	逐车检测评定	符合本规程规定	T 0981
	碾压温度	随时	符合本规程规定	插入式温度计实测
厚度	平均值	随时	设计值 ±20%	施工时插入法量测压实厚度
宽度	有侧石	随时	与设计宽度 ±20mm	T 0911
	无侧石	随时	不小于设计宽度	

注:乳化沥青撒布量采用现场检测方法得出。

5.3.3　交工验收阶段的质量检查与验收

工程自检合格后,应按照工程竣工验收标准进行验收。同步薄层罩面交工验收质量标准应符合表 5-8 的规定。

同步薄层罩面交工验收质量标准　　表 5-8

项目		质量要求或允许偏差	检验频率	方法
表观质量	外观	表面平整、密实、均匀、松散、无花白料、无轮迹、无划痕	全线连续	目测
	横向接缝纵向接缝	对接平顺	每条	目测
	边线	平顺	全线连续	目测或用尺测量
渗水系数		≥500mL/min(骨架空隙型) ≤200mL/min(骨架密实型)	3 处/km	T 0971
平整度	IRI	≤3.5m/km	连续	T 0933
厚度	平均值	±设计值的 20%	3 处/km	T 0912
摩擦系数(BPN_{20})		≥54	5 处/km	T 0964
构造深度(mm)		≥0.45	3 处/km	T 0961

第6章 同步薄层罩面工程实例

6.1 某高速公路沥青路面同步薄层罩面养护工程

6.1.1 原路面概况及养护决策

某高速公路管理处管养路段为K13+470~K229+000，负责养护全长215.53km。全线为全封闭、全立交平原微丘区四车道高速公路，整体式路基宽20m，设计荷载：汽车—超20级，挂车—120。

本次维修处理路段的路面结构为：

5cm AC-16 中粒式改性沥青混凝土
7cm AC-20 粗粒式改性沥青混凝土
36cm 4.5%水泥稳定碎石
20cm 5%水泥稳定砂砾+碎石

通过对维修的路段进行的现场调查及检测得出：

①现有道路路面使用性能、路面行驶质量及路面抗滑性能均处于优良水平；

②路面车辙深度指数RDI基本处于中级以上水平；

③路面损坏状况指数PCI基本处于良级水平，破损主要以裂缝为主，裂缝多为温缩性裂缝及沥青混凝土表面裂缝，如图6-1所示。

图6-1 原路面的裂缝

路面尚未出现由于强度不足而引起的明显的路面结构病害，维修段落检测结果汇总见表6-1。

维修段落检测结果汇总表 表6-1

上行/下行	路段	平均PCI	平均RDI	养护措施
上行	K161+350~K162+000	85.6	80.0	同步薄层罩面
上行	K162+000~K163+000	85.7	81.4	同步薄层罩面

续上表

上行/下行	路　　段	平　均　PCI	平　均　RDI	养护措施
上行	K163 +000 ~ K164 +000	85.8	80.6	同步薄层罩面
上行	K164 +000 ~ K165 +000	86.0	81.8	同步薄层罩面
上行	K165 +000 ~ K166 +000	85.7	81.0	同步薄层罩面
上行	K166 +000 ~ K167 +000	85.5	79.6	同步薄层罩面
上行	K167 +000 ~ K168 +000	84.4	80.8	同步薄层罩面
上行	K168 +000 ~ K169 +000	85.8	81.4	同步薄层罩面

经分析认为，该高速公路的技术状况比较适合开展路面预防性养护，选择适宜的预防性养护技术进行及时养护，以维持路面服务水平、延缓路面病害发生及发展。

根据原路面存在车辙，深度为 10 ~ 12mm，考虑到直接同步薄层罩面会存在摊铺厚度不均匀的情况，施工质量无法保证，故分析认为采取先对原路面上面层为 5cmAC-16 改性沥青混凝土进行铣刨 1cm 后，回铺 2cm 厚 STC-13 同步薄层罩面。

6.1.2　工程实施

1）施工技术要求

为了保持同步薄层罩面工程质量，沥青路面同步薄层罩面的施工需要满足以下技术要求。

（1）原路面的准备

同步薄层罩面在施工之前，要求对原路面宽度大于 5.0mm 的裂缝进行预先清理，用填缝料进行预先处理。表面不规则深度超过 20mm 的位置必须进行预先处理。原路面坑槽要事先用适当的热或冷沥青混合料予以修复，裂缝要用裂缝填料修补。

（2）施工方法

同步薄层罩面是由一台专用摊铺机将黏结料喷洒与热沥青混合料摊铺同步完成的快速养护技术。施工时气温或下承层表面温度不低于 10℃，宜在较高温度条件下施工。黏层油应在当天洒布，待稀释沥青中的稀释剂基本挥发完成后，紧跟着铺筑沥青层，确保黏层不受污染。雨天、路面潮湿的情况下严禁施工。

2）同步薄层罩面施工

某施工单位于 2017 年对 G10（绥满高速公路）K161 +350 ~ K169 +000，路段进行同步薄层罩面施工。施工过程中，同步薄层罩面混合料级配优良，摊铺表面美观，接缝处理得当。图 6-2 ~ 图 6-3 为同步薄层罩面施工过程及摊铺完成后的效果。

（1）为实现施工过程对喷洒量的精确控制，施工前应对喷洒设备的沥青喷洒系统及控制系统进行检查、标定。

（2）拌和后的混合料未立即铺筑时，储存在保温的储料仓中。有保温设备的储料仓储料时间不得超过 3h，储存期间降温不应超过 10℃，且不得发生结合料严重老化、滴漏以及粗集料颗粒离析。

（3）为满足同步薄层罩面黏结层喷洒与混合料摊铺同步进行的工艺，应采用专用设备摊铺。摊铺机开工前应提前 0.5 ~ 1h 预热熨平板，温度不低于 100℃。

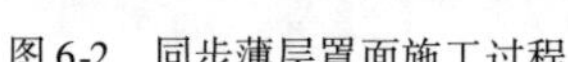

图6-2　同步薄层罩面施工过程

图6-3　同步薄层罩面摊铺完成后的效果

(4)同步薄层罩面混合料摊铺温度比普通沥青混合料的摊铺温度有所提高,不低于165℃。摊铺速度一般在5～15m/min。

(5)施工结束前应用3m直尺检查接缝,并将工作缝切割直角连接,确保平整度符合要求。

6.1.3　同步薄层罩面使用效果评价

同步薄层罩面完工后,选择不同时间对其路用性能进行检测,检测结果见表6-2所示。从表中可以看出,同步薄层罩面通车半年后,构造深度为0.85mm,摆值59BPN,远大于原路面0.53mm的构造深度和48BPN的摆值,显著改善了路面的抗滑性能。同步薄层罩面通车一年后,构造深度为0.84mm,与半年前基本相同,摆值为56BPN,比半年前降低了9.4%,这说明同步薄层罩面能够有较好的抗滑性能。

同步薄层罩面使用效果检测结果　　表6-2

检测时间	摆值 FB_{20}		构造深度(mm)		渗水系数(mL/min)	
	均值	标准差	均值	标准差	均值	标准差
通车半年后	59	1.1	0.85	0.07	650	1.1
通车一年后	56	1.65	0.84	0.05	600	0.86

高速公路通过同步薄层罩面养护后,道路使用情况得到明显改善,路面的防水、抗滑性能得到显著提高,沥青路面的早期水损害得到有效预防。

6.1.4　工程结论

通过本次同步薄层罩面研究,可以得到以下结论:

(1)SBS乳化沥青在层间形成约2mm厚的防水膜,此外破乳后的乳化沥青填补沥青混合料下部空隙,防水能力优,延长路面面层的使用寿命。

(2)同步薄层罩面提高沥青路面宏观构造深度和摩擦系数,保证行车安全。

(3)同步薄层罩面施工操作简便、速度快,施工对交通的影响很小。

综合本次同步薄层罩面工程及其他国内工程经验,提出的同步薄层罩面适用范围和检查标准见表6-3、表6-4。

同步薄层罩面适用的各等级沥青路面路况水平 表 6-3

路况指数		高速公路	一级及二级公路	三级及四级公路
PCI、RQI	不小于	85	80	75
RDI	不小于	80	75	70

同步薄层罩面交工验收质量标准 表 6-4

项目		质量要求或允许偏差	检验频率	方法
表观质量	外观	表面平整、密实、均匀、松散、无花白料、无轮迹、无划痕	全线连续	目测
	横、纵向接缝	对接平顺	每条	目测
	边线	平顺	全线连续	目测或用尺测量
	横坡	±0.3%	10 个断面/km	T 0911
渗水系数		≥500mL/min(骨架空隙型) ≤200mL/min(骨架密实型)	3 个点/km	T 0971
摩擦系数(BPN_{20})		≥54	5 个点/km	T 0964
构造深度(mm)		≥0.45	3 个点/km	T 0961

6.2 某隧道路面同步薄层罩面养护工程

6.2.1 隧道路面概况

某隧道北行(北行)进口里程为 NK1973 +719,出口里程为 NK1974 +694,长 975m。隧道南行(南行)进口里程桩号为 SK1973 +769,出口里程桩号为 SK1974 +783,长 1014m。为了改善路面抗滑性能,隧道北行进行过精铣刨,经过几年的运营,路面抗滑性能呈明显衰减,2014 年北行路面抗滑性能评价等级为中。

为了改善隧道路面技术状况,保障路面行驶安全,2015 年 12 月至 2016 年 1 月,在隧道北行 NK1973 +719 ~ NK1974 +694 超主慢车道实施了路面抗滑处治工程,先对旧水泥混凝土路面铣刨拉毛,喷洒 0.9L/m^2 改性乳化沥青黏层油,实施 2cm 同步薄层罩面。

6.2.2 隧道抗滑处治试验段工前路面评价分析

1)路面破损状况评价分析

2015 年 12 月,项目组对隧道北行路面破损状况进行了调查,调查结果显示,路面存在 5 处裂缝、2 处板角断裂和 1 处坑洞等病害,路面 PCI 为 94.6,评价为优,见表 6-5、图 6-4、图 6-5。

隧道北行路面主要病害 表 6-5

桩号	破碎板(m^2)		裂缝(m)			板角断裂(m^2)			坑洞
	轻	重	轻	中	重	轻	中	重	
	0.8	1	0.6	0.8	1	0.6	0.8	1	1
K1974 +690							2		
K1974 +515				2					

续上表

桩号	破碎板(m^2)		裂缝(m)			板角断裂(m^2)			坑洞
	轻	重	轻	中	重	轻	中	重	
	0.8	1	0.6	0.8	1	0.6	0.8	1	1
K1974 +500					8				
K1974 +490					4			1	
K1974 +420									1
K1974 +240					4				
K1974 +200					4				

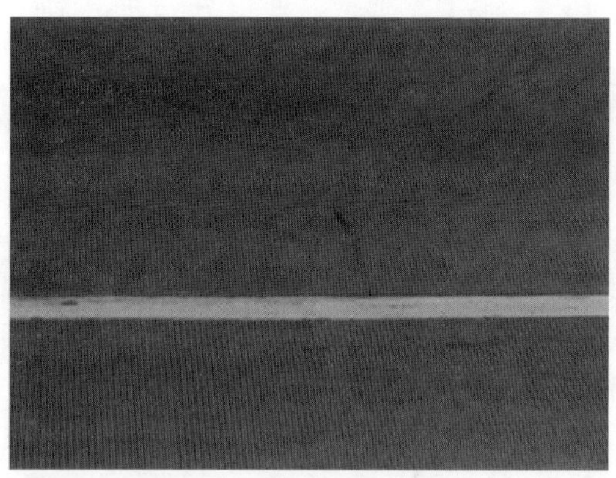

图6-4　隧道路面横向裂缝

图6-5　隧道路面破碎板

2)路面行驶质量评价分析

隧道北行路面行驶质量较好,工前各百米路段的国际平整度指数IRI均值在1.0～1.5m/km,路面行驶质量评价为优等级,见图6-6。

3)路面结构强度检测分析

利用落锤式弯沉仪FWD(标准荷载100kN,承载板半径150mm)量测混凝土板中荷载作用下的弯沉曲线，弯沉传感器根据《公路水泥混凝土路面设计规范》(JTG D40—2018)设置距离排列计算路段的基层顶面回弹模量 E_t(MPa)。

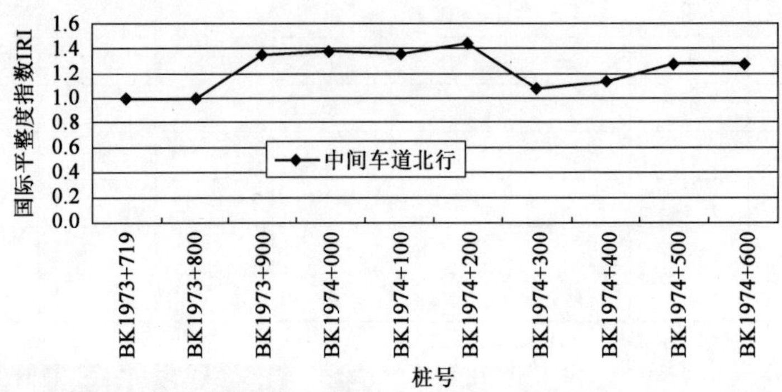

图6-6 隧道北行路面国际平整度IRI百米均值统计结果

从表6-6、表6-7的统计结果及图6-7、图6-8可知：

(1)基层顶面刚度较高，但均匀性不佳。北行超车道测试了32块板，基层顶面当量回弹模量平均值为7878.54MPa，按99%的保证率计算代表值是6033.09MPa，变异系数为82.2%；北行慢车道测试了19块板，基层顶面当量回弹模量平均值为6593.08MPa，按99%的保证率计算代表值3343.63MPa，变异系数为84.1%。

(2)从板中弯沉统计结果来看，路面承载能力较好。超车道和慢车道弯沉平均值分别为160.7、124.2(水泥路面板中弯沉通常小于200)，其中弯沉小于或等于100的比例分别为43.8%、38.5%，小于或等于200的比例分别为62.5%、92.3%。

隧道北行水泥路面基层顶面当量回弹模量统计结果 表6-6

序号	路段	平均值(MPa)	标准差(MPa)	代表值(MPa)	变异系数	测点数(点)
1	北行超车道	7878.54	6475.29	6033.09	82.2%	32
2	北行慢车道	6593.08	5545.13	3343.63	84.1%	19

隧道北行水泥路面板中弯沉统计结果 表6-7

序号		1	2
路段		北行超车道	北行慢车道
平均值(0.001mm)		160.7	124.2
标准差(0.001mm)		108.0	61.9
代表值(0.001mm)		338.4	226.1
最大值(0.001mm)		418.5	310.5
变异系数		67.2%	49.9%
板中不同弯沉值范围比例	$D_1 \leq 100$	43.8%	38.5%
	$100 < D_1 \leq 200$	18.8%	53.8%
	$200 < D_1$	37.5%	7.7%

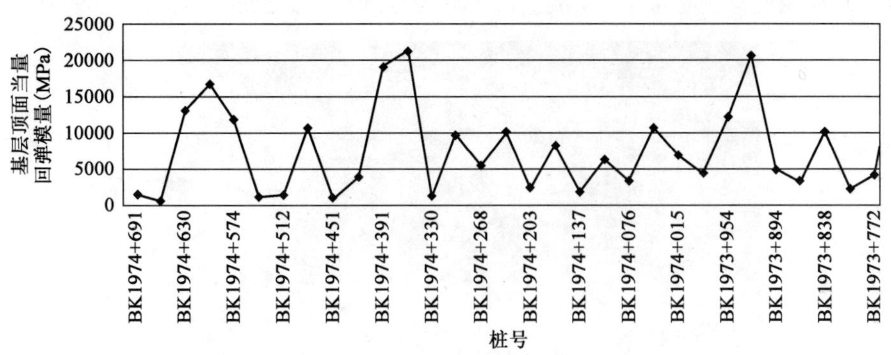

图 6-7　隧道北行超车道基层顶面当量回弹模量检测路段沿线分布

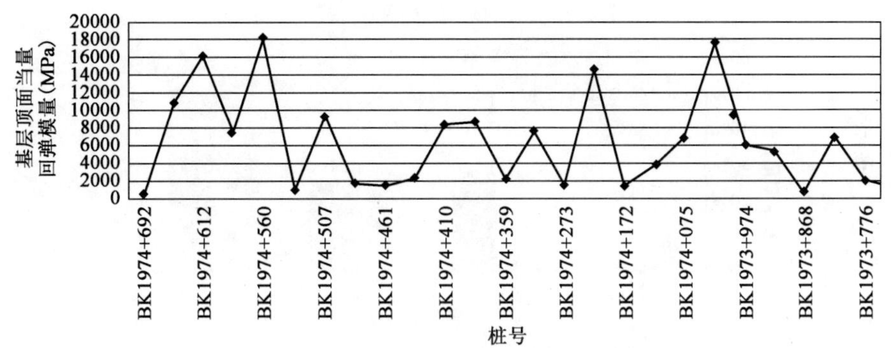

图 6-8　隧道北行慢车道基层顶面当量回弹模量检测路段沿线分布

4)接缝传荷能力检测分析

根据《公路水泥混凝土路面设计规范》(JTG D40—2018)的有关规定,测定接缝传荷能力的试验荷载应接近于标准轴载的一侧轮载 50kN,本次采用 60kN 荷载。根据 9 个弯沉传感器中的第 4 个(未受荷板)和第 1 个(受荷板)弯沉值计算接缝的传荷能力,见表 6-8。

接缝的传荷能力分级标准　　表 6-8

等　级	优良	中	次	差
接缝传荷系数	>80	60 ~ 80	40 ~ 60	<40

统计结果显示,接缝传荷能力中以上的比例为 22%,差的比例为 51%,见表 6-9。

隧道北行路面接缝传荷能力统计结果　　表 6-9

序号	路　段		优良	中	次	差	合计
1	北行超车道	测点数	6	4	14	24	48
		比例	13%	8%	29%	50%	100%
2	北行慢车道	测点数	1	11	12	25	49
		比例	2%	22%	24%	51%	100%
3	北行方向合计	测点数	7	15	26	49	97
		比例	7%	15%	27%	51%	100%

图 6-9 为水泥混凝土板 FWD 检测。图 6-10 为隧道北行路面接缝传荷能力对比。

图 6-9　水泥混凝土板 FWD 检测

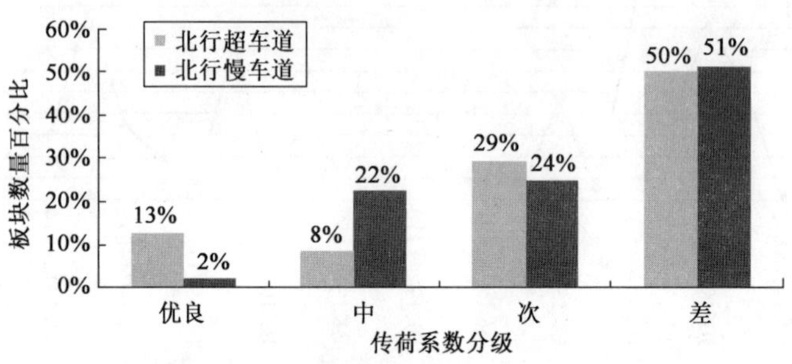

图 6-10　隧道北行路面接缝传荷能力对比

6.2.3　隧道抗滑处治试验段工后路面检测分析

隧道北行采用同步薄层罩面试验段沥青混合料,结合料采用 SBS 改性沥青,设计,油石比为 4.90% ,实测值为 4.85% ,矿料级配 4.75mm 通过率为 32% 。

1)路面表观状况检测分析

隧道北行同步薄层罩面试验段工后一年路面病害少,表观状况较好,整个试验段有三处病害(图 6-11 ~ 图 6-14),分别为:隧道入口处慢车道的反射裂缝、BK1974 + 610 主车道的松散、BK1974 + 360 处的坑洞。

图 6-11　BK1974 + 660 慢车道反射裂缝

图 6-12　BK1974 + 360 慢车道坑洞

图6-13　BK1974 +610 主车道松散

图6-14　BK1974 +610 主车道松散

从现场调查来看:松散病害大致沿主车道左轮迹带位置,路表面有水浸,而且整个试验段仅这一处存在松散病害,所以初步判断路面松散与隧道中的水浸有关;路面坑槽沿慢车道左轮迹横向分布,其中左轮迹位置坑槽深度超过罩面层,横向坑槽宽度基本一致,该处原路面可能存在条状修补,路面坑槽应该与原路面的条状修补有关。

2)路面抗滑性能检测分析

(1)横向力系数

路面横向力系数统计结果见表6-10、图6-15,从统计结果可知:

①同步薄层罩面试验段抗滑性能及抗滑均匀性较好,工后慢车道、主车道和超车道的路面横向力系数SFC均值分别为73、75、77,三个车道SFC的变异系数均小于5%。

②工后一年慢车道、主车道和超车道的路面横向力系数SFC均值分别为49、60、65,路面抗滑性能处于优等级,与工后相比三个车道的SFC衰减幅度分别为24、15、12。

隧道北行同步薄层罩面试验段SFC统计结果　　表6-10

隧道名称	车道	检测时间	横向力系数SFC统计结果		
			平均值	标准差	变异系数(%)
隧道北行	慢车道	工前	40	2.47	6.2%
		工后	73	2.29	3.1%
		工后半年	56	1.45	2.6%
		工后一年	49	2.23	4.5%
	主车道	工前	42	3.69	8.8%
		工后	75	2.19	2.9%
		工后半年	67	2.77	4.1%
		工后一年	60	5.73	9.6%
	超车道	工前	43	1.05	2.5%
		工后	77	2.19	2.9%
		工后半年	70	2.42	3.5%
		工后一年	65	3.72	5.8%

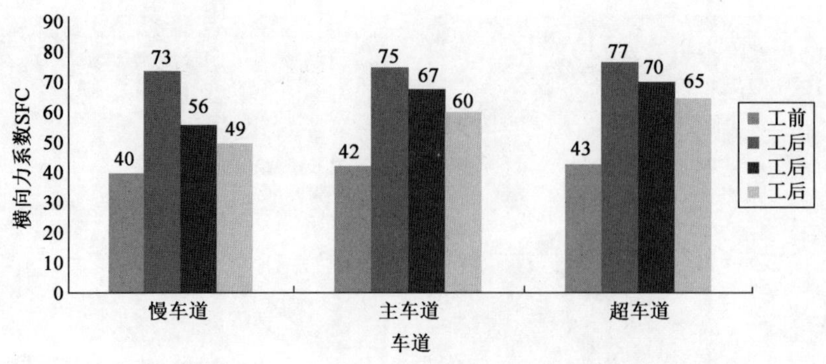

图 6-15　隧道北行同步薄层罩面试验段 SFC 平均值对比

(2)构造深度

采用手工铺砂法对旦架哨隧道北行 MRS 试验路段进行构造深度检测,检测了 5 处,结果为:构造深度平均值为 2.65mm,标准差和变异系数分别为 0.19、7.3%。设计要求 TD 大于 1.0mm,检测结果满足设计要求(图 6-16)。

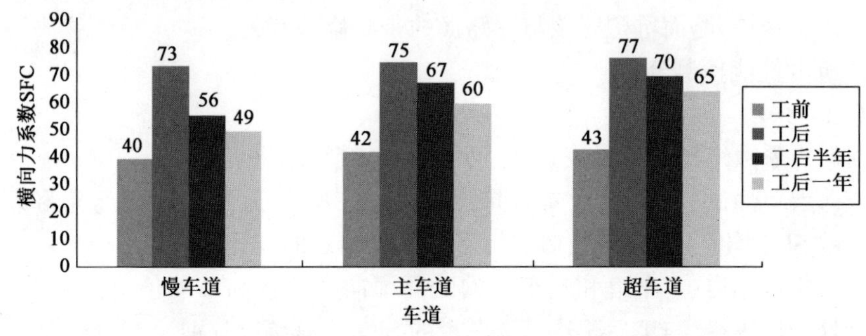

图 6-16　隧道北行同步薄层罩面试验段 SFC 平均值对比

(3)构造深度

采用手工铺砂法对隧道北行试验路段进行构造深度检测,检测了 5 处,结果为:构造深度平均值为 2.65mm,标准差和变异系数分别为 0.19、7.3%。设计要求 TD 大于 1.0mm,检测结果满足设计要求。

3)路面行驶质量检测分析

隧道北行中间车道的国际平整度指数 IRI 的检测结果见表 6-11。由检测结果可知:

(1)工后试验段的路面行驶质量均有不同程度的改善,隧道北行原路面行驶质量较好,工后依然良好。

(2)工后一年试验段的 IRI 变化幅度在 +0.072m/km ~ +0.22m/km,路面行驶质量总体上变化不大。

隧道北行同步薄层罩面试验段中间车道 IRI 测试结果　　表 6-11

隧道北行	工　前	工　后	工后半年	工后一年
BK1973 + 719	0.99	1.09	1.06	0.99
BK1973 + 800	0.97	0.94	0.88	0.79

续上表

隧道北行	工　前	工　后	工后半年	工后一年
BK1973 +900	1.35	1.18	1.11	1.01
BK1974 +000	1.38	1.02	1.15	1.24
BK1974 +100	1.35	1.05	0.97	0.85
BK1974 +200	1.43	0.84	0.84	0.80
BK1974 +300	1.07	0.82	0.85	0.83
BK1974 +400	1.14	0.99	0.98	0.92
BK1974 +500	1.27	0.91	0.88	0.81
BK1974 +600	1.26	1.22	1.94	2.61
平均值	1.22	1.01	1.06	1.08

(1)同步薄层罩面一年内的短期使用性能较好,建议对这两个试验段的耐久性进行跟踪观测,掌握长期使用性能。

(2)同步薄层罩面的隧道均属于中隧道,考虑到长隧道和特长隧道的环境条件对路面使用性能要求更高,建议选择长隧道和特长隧道对上述材料的使用性能进行试验。

6.2.4　工程结论

工后一年同步薄层罩面试验段的 PCI 为 97.1,存在三处病害;试验段的工后路面行驶质量较好,工后一年验段的国际平整度指数 IRI 变化幅度为 +0.07m/km,变化幅度不大。综合工后路面表观状况、抗滑性能及施工方便快捷性等因素,从目前短期(一年内)使用性能来看,同步薄层罩面使用性能相对较好。

试验段工程中同步薄层罩面一年内的短期使用性能较好,建议对试验段的耐久性进行跟踪观测,掌握长期使用性能;考虑到长隧道和特长隧道的环境条件对路面使用性能要求更高,建议选择长隧道和特长隧道对上述材料的使用性能进行试验。

6.3　施工经验

当材料符合规范,并且具备良好的施工过程,所产生的效果是非常理想的,有几年前铺设的同步薄层罩面现在还应用得很好,也有很多工程存在一定的缺陷。表 6-12 为施工经验和教训。

施工经验和教训　　表 6-12

序　号	经　验	教　训	施工记录
1	11 月在潮湿的路面上施工。为了确保成功,乳化沥青和热混合料的温度取施工建议的最高值。结果产生了很多蒸汽,看不见任何东西,结果在一个大的交叉口掉料	在施工过程中遵从有关天气的建议。在大气温度大于10℃,且处于持续升温的天气施工	施工期应在 5 月中旬,此时天气已热,需要注意降雨引起的路面湿度变化

续上表

序　号	经　验	教　训	施工记录
2	路面的准备工作一定要做,要求和石屑封层一样。现有的裂缝会反射,应进行灌缝。如果在同步薄层罩面施工前才灌缝的话,做完同步薄层罩面的时候可能会泛油	路面准备工作必须在同步薄层罩面施工前三个星期完成。填缝料应填至表层处,不要突出表面	需要处理局部水损害和填缝路段,应提前和业主、施工单位及时沟通
3	拌和楼里集料过多会导致混合料级配出现问题。可先进行干拌(不添加沥青),然后取样进行级配测试	在生产混合料之前用干拌集料来测试级配	问题:在试拌时必须进行该项工作,并注意筛网设置
4	如果没有清除拌和楼里的旧混合料,混合料里过大的集料容易引起铺设后摊铺层的分裂	确认拌和楼在运送新的混合料至施工地点之前已经清除了旧混合料	问题:需要专人负责拌合楼和运输车专项检查,并记录拌和楼的运行状态
5	同步薄层罩面混合料是一种断级配混合料,而断级配混合料的正常程序包括提高间歇拌和楼里的拌和时间(大概5s),运用再高一点的温度,同时避免混合料过久储存,因为它比密级配混合料要冷却得快	延长拌和时间5s左右。尊重有关混合料温度方面的建议,避免过度储存混合料	问题:混合料出厂温度175~195℃。干拌时间10s,湿拌时间40s,专人负责并确保拌和时打印每一锅料的清单
6	由于热混合料铺设的特别薄,因而冷却得相当快。如果熨平板还没有预热好的话,开工将会变成一场“噩梦”	确认熨平板已经预热,前一至两次热混合料装载应以相应温度的上限来运送	问题:摊铺机必须提前2h到场并开始调试设备,并在施工前1h预热,预热温度120℃,注意前后场及时沟通
7	薄的热混合料冷却得相当快,因而在摊铺机停止或者重启时会遇到“弹跳”和“平坦”的问题。而停止摊铺机会减缓施工速度,这也是承包商所希望避免的	后勤对维持摊铺机运行极端重要,要具备充足的辅助卡车以确保乳化沥青和混合料能够不停地填充进机器。同时还应具备一个额外的碾压机这样在碾压机重装水时,施工进程不会中断	问题:何时添加乳化沥青必须在事先经过讨论后确认。压路机可以采用一台,但必须和总的施工单位协调好,以确保紧急时可调用一台钢轮压路机
8	不适当的碾压会引起混合料粘连并撕裂摊铺层	使用持续供水(和防黏剂例如黄白色液皂)的钢轮碾压机	在水中添加适量洗衣粉或其他液态洗涤产品,注意用量不能太大

续上表

序　号	经　验	教　训	施工记录
9	碾压不是为了压实，只是固定集料（想想石屑封层）	只需要一次单程静压通过	问题：至少保证一次碾压，正常一遍为宜
10	路面施工前、刚铺完以及一年后的对比，对评估工程的效率、展示它的成本效益而言，都是很有必要的	对路面施工前、同步施工沥青混合料刚铺完以及一年后的路面做平整、抗滑度和车辙评估	向业主建议施工前检测相应的指标
11	在行车道摊铺起始部分，摊铺机左右两侧厚度调节不均匀，靠近紧急停车道的一侧厚度偏薄	摊铺机每侧必须配备调节厚度的专用人员，及时和机手沟通	必须有一定的操作经验，由谁来施工完成，必须明确责任
12	摊铺机的最小摊铺宽度为2.5m，和紧急停车道的宽度相当，在施工中出现了部分重叠或局部缺料等现象	必须事先对宽度进行测量，并经过讨论后确定每一次的施工宽度。针对国情，可不铺筑紧急停车道，分两次摊铺	三个车道，分三次施工，先铺筑超车道，宽度到行车道划线处，行车道内不能留下施工纵缝，确保紧急停车道的施工宽度大于3.0m
13	在施工紧急停车道时，沥青混合料已经在现场停放8h左右，混合料的整体温度偏低，已出现局部结块现象。个别地方因为碾压温度太低，造成局部颗粒被压碎	施工组织非常关键，若不能确保及时完成施工，应随时通知后场，停止拌和混合料	拌和楼与施工现场的距离需要确定，并基于施工速度确定混合料拌制的数量是比较明智的选择
14	施工期间出现多种问题，导致混合料在现场存放时间过长，混合料内外温差较大。乳化沥青运输车满载为30t，预估使用乳化沥青为7.5～8.5t。考虑到乳化沥青用量少，容易降温，且不易倒出，故在该运输车内加入10t乳化沥青	对每个施工环节进行思考，并给出合适的预案。乳化沥青的温度对于同步薄层罩面混合料的成败比较重要，过夜需要在车体外包裹毛毡以保温	每次施工都可能出现问题，应急方案很重要。天津到现场的运距较大，乳化沥青的运输数量不可能低于30t，因此过夜难以避免。如有条件租或买一台带加的热智能洒布车
15	各工程项目均在施工期，压实设备比较紧张。租赁的压路机无法提前到场，在施工当天从别处调来，结果在运输过程中爆胎，致使压路机在中午才到达现场	运输车爆胎属于意外，但压路机租赁需要事先确认，并充分沟通。避免此种低级错误	和业主进行充分交流，并促使业主告诉施工单位试验项目的重要性。不能因为压路机或其他设备影响施工进度

续上表

序　号	经　验	教　训	施工记录
16	拌和楼沥青泵出现问题，改性沥青运输车到场后10h后卸油完毕。影响了混合料的拌和，致使施工时间推迟	拌和楼沥青泵出现问题是事前没有检查所致，沥青运输车自带泵是备用方案	专人检查拌和楼和相应的施工设备，和天津科氏进行充分沟通，确保沥青的运输和装卸
17	施工前泵入了乳化沥青3.8t，铺筑宽度4m，沿超车道铺筑，铺筑1km后，调头铺筑行车道，宽度3.8m，铺筑450m后没有了乳化沥青，无人发现，致使10m左右的路面上没有铺洒乳化沥青。没有合适的工具且天色已晚，无法清除，留下了隐患	根据实际的施工进度，路面宽度和封闭交通情况，确定适当的位置和时间添加乳化沥青	乳化沥青罐的容量为4.0t，实际装载量为3.8t。若按照0.7～0.8kg/m^2的喷洒量，可喷洒约5000m^2的面积，故建议在单幅铺筑完毕添加
18	因运输车辆封闭不好，且操作有误，致使1t左右混合料散落地面，施工延误1h左右	合理组织和分配人员，并对参与人员进行培训	对所有的施工人员进行培训，严格执行技术交底制度
19	运输车在路面上掉下了混合料的颗粒，在施工超车道时，个别颗粒由于各种原因落入行车道，无人清理	寻找有施工经验的工人同样重要，并明确每一个工序向谁负责	所有的人必须明确应该做什么，并知道向谁负责。否则问责领队

第7章　同步薄层罩面服务性能评价

7.1　构造深度

路面的抗滑性能指标主要构造深度和横向摩擦系数。同步薄层罩面作为表面功能层，抗滑性能及维持摩擦系数的能力是沥青混合料设计中要着重考虑的。同步施工沥青混凝土磨耗层粗集料含量多，构造深度大，相应的抗滑性能也相对较好，一般情况下，路面构造深度指标是评价路面抗滑性能的重要指标。

为了说明同步薄层罩面构造深度的变化，对使用STC-13的工程连续三年进行了观测记录，结果如图7-1所示。

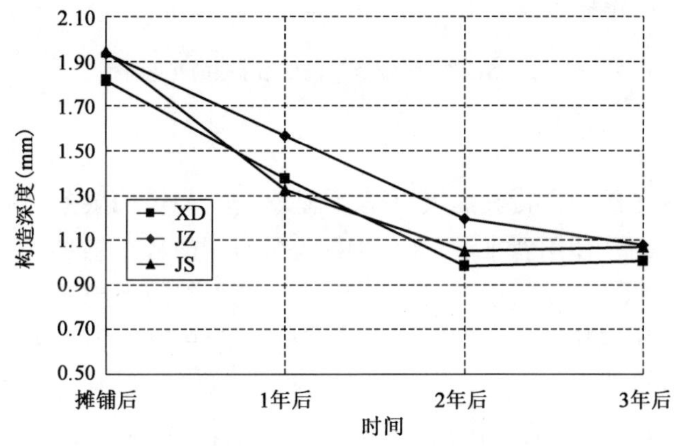

图7-1　STC-13构造深度随使用年限的变化曲线

从图7-1中可以看出，构造深度随着使用年限的增加而逐渐变小，初始2年内变化幅度较大，第3年趋于稳定；同步施工沥青混凝土磨耗层初始构造深度非常大，远远超过了一般常规沥青混凝土要求的大于0.55的要求；3年后构造深度的要求能达到0.9mm以上，说明其构造深度的耐久性相当好。

7.2　横向力系数

横向力系数是反映路面的抗滑性能指标的另一重要指标，规范要求在交工验收前或开放1年之内(除冬季外)测试横向力系数，对于年平均降雨量大于1000mm的地区，要求大于54。对于同样的工程，在测量构造深度的同时，连续3年对横向力系数进行了测量，结果如图7-2所示。

从图7-2中可以看出，刚摊铺后测量的横向力系数相差不大，1年内逐渐增大，第1年和第2年之间横向力系数变化不大，第2年后逐步增加。这是因为在第1年内集料表面的油膜逐渐磨光，横向力系数会逐渐增加，在第1～2年之间，表面的油膜不再发生变化，横向力系数由集料表面的纹理提供,因此数值变化不大,2 年后,因沥青老化、水、荷载等因素,微细集料开始脱落。尽管构造深度变化不大,但横向力系数因此而增加。此外,需要明确指出的是,由于同步施工沥青混凝土磨耗层沥青用量大,摊铺后几周内测量横向力系数可能小于规范要求,建议开放交通 6 个月以上测量该数值,作为交工验收的指标。

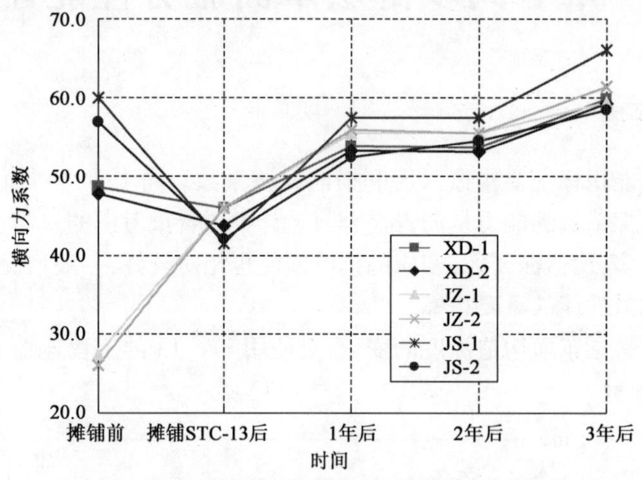

图 7-2　STC-13 横向力系数随使用年限的变化曲线

7.3　平整度

罩面的目的是为了给用户行驶提供快捷、舒适、安全、稳定的服务功能,因此平整度是非常关键的指标之一。对于使用者来讲,这个指标是最直观的行车感受,往往会把该指标作为质量好坏评定的重要标准。而对于道路设计者而言,需要统筹考虑所有的技术指标要求,因此片面强调平整度甚至忽略压实的做法是不符合科学发展观的,但如果忽视平整度的要求,也必将严重降低路面的服务性能。一般新建道路平整度以国际平整度指数表示,目标值为 IRI < 2.0(m/km)、σ < 1.0(mm)。因为同步薄层罩面层较薄,许多工程师对同步薄层罩面层能改善原有路面平整度心存疑虑,认为能够维持原有路面的平整度的基础上略有提高就可以。实际上,路面通过 2 ~ 3 层来找平当然要容易一些,但并不表示摊铺薄层混合料后平整度必然达不到国标的要求。图 7-3 是同步薄层罩面层摊铺后连续 5 年的观测结果。从中可

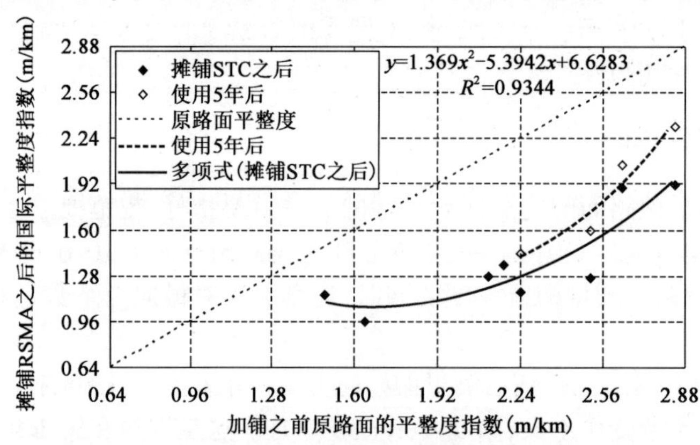

图 7-3　同步施工沥青混凝土磨耗层对路面平整度的改善

以看出，同步薄层罩面层可改善原有路面的平整度，并能够达到国标规定的要求。

7.4　水雾

雨天行车最大的困难在于视野不佳，雨天能见度低，行驶车辆在普通沥青混凝土路面会带起大量的水雾，使得前风窗玻璃模糊，造成行车事故。此外，下雨天道路都比较湿滑，轮胎的附着力下降，制动效果也会明显减弱。因此，无论是 OGFC，还是其他的排水式路面，一个重要的目的是降低行车引起的水雾，减少路标水膜，确保行车安全。同步薄层罩面层表面空隙率很大，侧向排水能力极强，在雨天可迅速将路表面水排出，不仅减少了雨天形成水雾，更重要的是使路表面没有连续的水膜，增加了车辆与路面的摩擦，降低侧滑，保证在雨天提供较好的通行能力。图 7-4 为密级配和磨耗层雨天形成的水雾对比，从中可知，同步薄层罩面层可显著减少表面水雾。

a）密级配沥青混凝土形成的水雾

b）同步薄层罩面层基本无水雾

图 7-4　常规路面和同步薄层罩面层雨天水雾对比

7.5　噪声

机动车行驶而产生的交通噪声，不同于一般噪声源，具有流动的性质。当机动车通过时，路侧环境噪声表现为逐渐增大，达到峰值，然后衰减的过程。交通噪声和车辆类型和种类有关，因此噪声源不仅多，而且差别比较大。车辆数量、荷载、车辆之间的距离、道路条件、有无隔离、气候条件等影响噪声的变化，路侧噪声错综复杂并且呈不规则的变动。

交通噪声包括引擎、排气、空气动力学（动力列车）噪声和路面/轮胎噪声。在车辆其他噪声减噪措施很难得到有效降低的情况下，降低路面/轮胎耦合噪声是从根本上降低交通噪声的最佳办法。

7.5.1　轮胎噪声影响因素

轮胎噪声一般由轮胎花纹元件间的空气流动和轮胎四周空气扰动构成的空气噪声、胎体和花纹元件振动而引起的轮胎振动噪声和道路表面特性及不平造成的路面噪声三部分组成。在特殊情况下，如紧急制动、急转弯、起步或路面有积水等情况，轮胎与路面的耦合作用还会产生振鸣声和溅水声等。它的影响因素有以下几个方面：

（1）行驶速度：汽车行驶速度对路面/轮胎耦合噪声影响比较大，一般汽车行驶速度增加 10 倍时，路面/轮胎噪声上升 30dB（A）左右。

(2)路面状况:路面表面特性和平整度都对路面/轮胎耦合噪声影响比较大,如沥青和水泥混凝土路面之区别。

(3)轮胎负荷与气压:轮胎负荷增加,噪声一般也增加。轮胎气压越高,噪声越小。

(4)特殊行驶条件:汽车在制动、加速和急转弯情况下,由于轮胎接地面积处产生振鸣声而使轮胎噪声增加。

(5)轮胎花纹与轮胎种类:花纹形式不同,产生泵吸噪声的强度不同,横向花纹与纵向花纹相比更容易造成封闭空腔,因而空腔受挤压强度较高,轮胎噪声较大。各种轮胎产生的噪声大小顺序为:光面≈纵向直线花纹 < 纵向普通花纹 < 双向混合花纹 < 普通横向花纹≈斜嵌块状花纹 < 横向直线花纹。轮胎磨损后会使其行驶噪声增加,增加幅度一般为 2 ~ 4dB。

7.5.2 路面轮胎噪声测量

对于路面/轮胎噪声的研究常采用的方法有:轮胎单体噪声试验方法、CPB 法和整车近场测试方法 CPX。

轮胎单体试验方法需要建造较大的设备,费用非常高。图 7-5、图 7-6 为德国和瑞典公路所的轮胎单体试验设备。

图 7-5 德国设备

图 7-6 瑞典设备

单车通过的交通噪声法,属统计测量,不能完全表征路面与轮胎之间的产生的噪声。交通噪声一般用 SPB(Statistical Pass-By Method)法测量。该方法是在特定路侧位置,对统计上显著的一定数量的通行车辆的最大 A 计权声压级以及车辆速度进行测量。每辆被测车辆都分别按三种车辆类别归类,“小汽车”“双轴重型车”以及“多轴重型”。将每一经过车辆的声级以及车辆速度记录下来,并计算得出每类车辆的最大 A 计权声压级与速度对数的函数关系回归曲线。根据这个回归曲线可以确定在参考速度下的平均最大 A 计权声压级,这个声压级称作车辆声级。SPB 法的出发点是研究交通噪声本身,其结果不但和路面与轮胎之间的噪声有关,而且和车流交通组成有关;而我们仅仅关心的路面与轮胎之间的噪声,为此必须对 SPB 法进行改良,使之能反映路面与轮胎之间的噪声。如果采用单辆车通过,其他要求不变,并测量相应噪声的话,该噪声就能反映路面与轮胎之间的噪声,为方便起见可称这种方法为 CPB(Controlled Pass-By)。

整车近场测试方法(也叫 CPX 法),就是在行驶汽车轮胎后部很近的地方安置传声器来测量轮胎和路面的噪声。美国国家沥青技术中心(NCAT)已经设计并制作了 CPX 噪声探测器。图 7-7 给出了该探测器的图片。

图 7-7　NCAT 紧密接近型探测器的麦克风设置

基于以上方法的局限性,鉴于 CPX 方法对设备要求很高的现状,交通部公路科研所田波研究员发明了另外一种测量方法。其原理是在轮胎上安装声压传声器,同时在轮胎的旋转轴上增加一个转速测定仪。同时测定转速和噪声,并建立车速和噪声的关系,测试设备如图 7-8、图 7-9 所示。

图 7-8　试验用车辆图

图 7-9　传声器设置图

7.5.3　沥青路面噪声机理

轮胎的振动、空气的泵吸以及水的飞溅是组成轮胎/路面噪声的三个关键部分。

轮胎的振动可分为径向和切向振动两大类。径向振动来自轮胎花纹和路表纹理的相互作用,来自轮胎在路面上的"黏拔"效应,路面的不平整将加大轮胎径向振动。切向振动来自摩擦力和轮胎在路面上的"滑动—黏"效应。轮胎的振动主要有径向振动、径向黏拔声、切向振动、切向黏拔声、轮胎侧向振动、胎面振动。轮胎的振动形式极为复杂,由于橡胶的高阻尼特性,一般振动主要集中在接触部位。轮胎在接触路面瞬间是一个加速的过程,而接触部位离开路面时又是一个减速过程。这将导致轮胎剧烈振动并产生噪声。

轮胎的噪声与速度的关系因轮胎的种类、车辆等不同而不同,但一般来说,存在着噪声与车速成正比的关系,而且频谱也有很大变化,重车产生的噪声通常要比轻型车产生的噪声高上8dB(A)左右。

根据国外的研究成果,轮胎噪声频率取决于轮胎花纹和路面纹理。对小轿车而言,在普通的沥青路面上行驶,产生的频率范围主要集中在800~1000Hz。当轮胎在路面上滚动时,将产生较低频率。仅就径向振动而言,频率主要集中在200Hz以下。当速度超过70km/h时,离心振动将变得重要,相应的频率仍旧集中在300Hz。接触面的尺寸正好有利于低频的产生。研究表明,轮胎侧向振动大致产生的噪声频率低于1000Hz,而且越粗糙的路表越产生更低的频率。在轮迹边缘和路面的作用将产生较高频率,一般大于1000Hz。轮胎在路面上滑动产生的噪声对应的频率范围正好落在最干扰路侧住户的水平内。当路面越粗糙,这种摩擦引起的噪声越趋向高频。但是,当路面越光滑时,空气泵吸声压会越大。微观构造对噪声的产生没有多大影响。

由于轮胎转动,在接地时胎面花纹沟部的容积缩小,沟内包含的空气被挤出;而当胎面离地时沟部的容积恢复,空气又流入沟内。这样流出、流入所产生的噪声通常也叫沟槽空气泵噪声。另外,胎面花纹接地时还产生连续打击路面的噪声,这种噪声也属于花纹噪声之类。由于轮胎花纹的种类较多,所以轮胎花纹噪声的大小和频率特性的差异较大。试验研究表明:胎面花纹噪声的频率在800~5000Hz这一比较宽的范围内变化。

道路凹凸噪声轮胎在道路上滚动时,由于路面小的凹凸内的空气被压缩,因而产生排气噪声。一般来说,道路表面的凹凸比较小,由此产生的噪声很小。改变路面结构可以减小此类轮胎噪声。

观察整个轮胎在行进过程中断开空气流的情况,可发现在轮胎前进方向空气被分开,而在后方空气被吸入,这使得在轮胎周围产生空气乱流,引起声压变化,诱发噪声。日本学者曾研究横沟花纹及纵沟花纹轮胎在不接地情况下高速转动时测定其噪声水平。结果表明:在有花纹的轮胎,空气乱流噪声与没有花纹的光面轮胎相比,噪声只在10dB附近的低水平上。因此乱流噪声对整个轮胎的噪声几乎是没有什么影响。

7.5.4 降低路面噪声途径分析

根据轮胎噪声生产的机理,降低沥青混凝土路面噪声的途径大致有以下几种。

(1)提高平整度

车辆振动会引起相应的车内、外噪声,这主要是由于车辆通过凹凸不平的路面时激发轮胎振动,通过悬挂装置和车架传给车体,使之产生振动而引起噪声。随着IRI值的增加,路面不平整的程度增加,引起轮胎和车体更剧烈的振动,从而产生更大的噪声。

(2)合理路面纹理

不同纹理的沥青路面具有不同的噪声水平,因此调整合理的路表纹理是降低噪声的重要途径之一。

(3)孔隙

多孔隙路面可以有效减低路面和轮胎之间的泵吸力,从而可以有效降低轮胎噪声。

7.5.5 国外噪声测试结果

(1)测试结果

2002年10月,NCAT使用NCAT CPX探测器为密歇根运输部测试了9条道路路面。在所有地点,噪声测试都在三种不同速度下进行:45mile/h[1]、60mile/h 和 70mile/h。测试使用两种轮胎,图 7-10 和图 7-11 给出了两种胎面花纹的图片。从图中可知,MasterCraft 轮胎具有更粗一些的花纹。

图 7-10　UniRoyal 轮胎

图 7-11　MasterCraft 轮胎

测试计划包括为密歇根州运输部测试九条公路路面以及三条 NovaChip 路面。表 7-1 给出了密歇根州运输部和 NovaChip 测试的结果。不同路面的比较基于 60mile/h 的数据,在所有测试路段都测试了 60mile/h 的数据。

噪声数据　　表 7-1

序号	城市	路线	路面类型	噪声等级[dB(A)]			
				轮胎	45mile/h	60mile/h	70mile/h
1	兰章(Lansing)	I-96 E	混凝土	MasterCraft	97.0	100.8	102.3
				UniRoyal	95.2	98.8	100.8
				UniRoyal	96.0	99.1	100.5
2	科德沃特(Coldwater)	I-69 S	SMA	MasterCraft	95.1	98.2	100.2
				UniRoyal	94.0	97.8	98.7
3	科德沃特(Coldwater)	I-69 S	纵向配筋混凝土	MasterCraft	97.0	100.5	102.7
				UniRoyal	95.8	99.9	101.7
4	科德沃特(Coldwater)	I-69 S	横向配筋混凝土	MasterCraft	97.5	100.6	102.8
				UniRoyal	96.8	100.6	102.2
5	底特律(Detroit)	I-96 E	混凝土	MasterCraft	95.1	99.3	101.06
				UniRoyal	93.8	97.2	99.3
6	底特律(Detroit)	I-96 E	SMA	MasterCraft	94.4	98.4	100.3
				UniRoyal	93.8	96.7	98.5
7	底特律(Detroit)	I-96 E	密级配沥青混凝土	MasterCraft	94.8	98.8	100.6
				UniRoyal	94.1	97.2	99.2

[1] 1mile = 1609.344m。

续上表

序 号	城 市	路 线	路面类型	噪声等级[dB(A)]			
				轮胎	45mile/h	60mile/h	70mile/h
8	底特律(Detroit)	I-275 N	Superpave	MasterCraft	96.1	99.9	101.1
				UniRoyal	95.1	98.7	100.7
9	底特律(Detroit)	I-275 N	Diamond ground surface	MasterCraft	94.6	98.9	100.4
				UniRoyal	93.6	96.6	98.7
10	杰克逊(Jackson)	M-60 E	Nova Chip	MasterCraft	93.9	97.2	—
				UniRoyal	92.8	95.7	—
11	兰章(Lansing)	I-96 W	Nova Chip	MasterCraft	95.1	98.5	—
				UniRoyal	93.6	97.0	—
12	弗林特(Saginaw)	M-46 E	Nova Chip	MasterCraft	94.2	97.5	98.8
				UniRoyal	92.8	95.5	97.2

(2)结果分析

所涵盖的路面类型为;密级配沥青混凝土、SMA、波特兰水泥混凝土和NovaChip。对于每种路面类型,用于对比的噪声等级都是两种轮胎测试结果的平均值。四种路面在60mil/h时的平均噪声等级值见表7-2。

不同路面的平均噪声等级 表7-2

路面类型	NovaChip	SMA	密级配沥青混凝土	波特兰水泥混凝土
噪声结果	96.9dB(A)	97.8dB(A)	98.6dB(A)	99.5dB (A)

对于波特兰水泥混凝土路面,噪声最大的路面是横向配筋路面[100.6dB(A)],而最静的路面是Diamond Ground Surface[97.7dB(A)]。Diamond Ground Surface磨光的表面使水泥混凝土路面噪声等级下降到密级配沥青混凝土路面的水平(图7-12)。

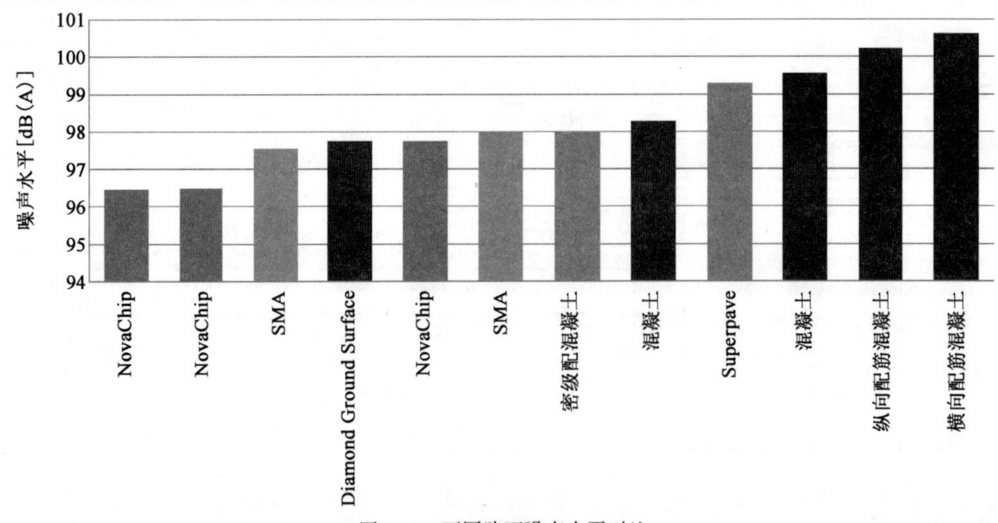

图7-12 不同路面噪声水平对比

所有路面在 60mlie/h 时的平均噪声水平为 98.1dB(A)。对于 MasterCraft 轮胎平均水平为 99.4dB(A),而 UniRoyal 轮胎为 97.9dB(A)。这是因为 MasterCraft 轮胎具有更粗的纹理,因此噪声相对比较大。图 7-13 给出了每种路面、每种轮胎的噪声水平,分不同的路面对比了使用两种轮胎测试的噪声水平。比较有意思的结果是,因为轮胎的不同,路面的噪声水平排列顺序不一样。这充分说明了噪声的机理源于路面纹理和轮胎胎面花纹的相互作用。这至少说明了,降噪应该从两个方面下功夫,噪声测试应至少应采用两种有代表性的轮胎。

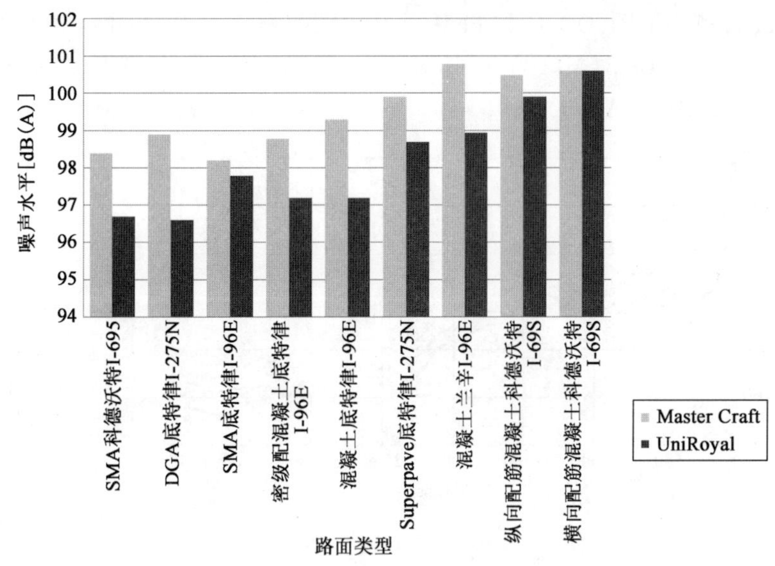

图 7-13　对每种轮胎的噪声水平比较

噪声测试采用了 45mlie/h、60mlie/h 和 70mlie/h 三种速度,图 7-14 针对三种路面结构绘制了速度和噪声的关系图。PCC 路面和 HMA 路面的噪声与速度关系曲线相比,前者斜率更大(0.22 对比 0.20)。同时注意到 SMA 和 DGA 路面的噪声与速度关系曲线倾斜程度大约相同。

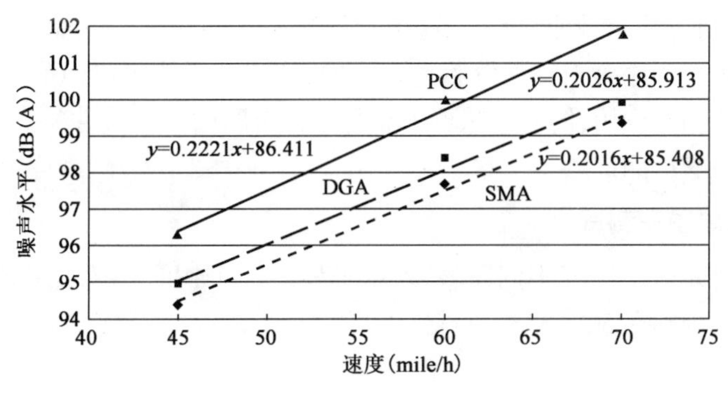

图 7-14　噪声与速度的关系

(3)噪声频谱分析

评价噪声频谱(与噪声水平相应的频率)可确定每种路面类型的噪声特征,并可对比轮胎产生的噪声。

对于沥青路面,2002 年 10 月前,采用 UniRoyal 轮胎测试了亚拉巴马州和乔治亚州 I –

85 公路两个路段的噪声,并给出了噪声频谱,这样可以和现有的数据结果进行对比。SMA(MI)、NovaChip(MI)和 HMA(MI)表示密歇根州 SMA、NovaChip 和 HMA 路段测试结果的平均值。其中位于乔治亚州的 OGFC 测试路段已经使用了大约两年,州政府交通局不再推荐使用 OGFC,而是使用欧洲多孔混合料(PEM)技术。美国东南部一些州已经铺筑了 PEM 试验段,亚拉巴马州的 MP63 公路在噪声测试时通车才几周。

图 7-15 表明在低频范围五种混合料曲线样式相似,OGFC、PEM 和 HMA 低一些。在 1200 ~ 2200cps 频率范围,OGFC 和 PEM 具有较低的噪声水平。SMA(MI)的评价噪声水平为 98.3dB(A),NovaChip(MI)为 97.7dB(A),HMA(MI)为 97.9dB(A),PEM 为 95.7dB(A),OGFC 为 99.0dB(A)。

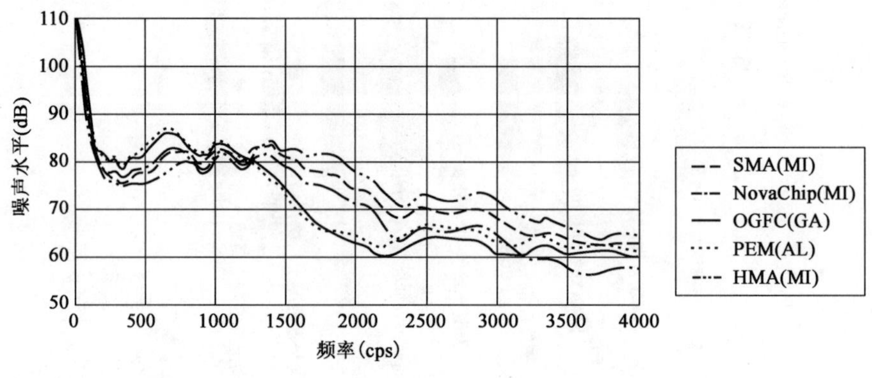

图 7-15 沥青路面噪声频谱

(4)测试结论

基于密歇根州的测试结果,可以得出,对于特定轮胎,路面类型对噪声水平有影响,而且使用不同的轮胎会影响测试路面的噪声特性。需要进行额外的工作以获得为发展低噪声路面所必需的参数。

密歇根州的试验比较了四种路面类型相对应的噪声水平。噪声从低到高的顺序为 NovaChip、SMA、密级配沥青混凝土、PCC。这个顺序是基于使用两种轮胎测试结果的平均值。不同路面的噪声水平顺序对于每种轮胎是不同的,这充分说明了噪声的机理源于路面纹理和轮胎胎面花纹的相互作用,同时意味着为获得对特定路面噪声特性的真实理解,应使用不止一种轮胎来实施噪声测试。

7.5.6 试验路噪声测试

公路所田波研究员为研究不同路表微观构造在不同速度下,对路面/轮胎噪声进行测试。对九个试验段分别在 50km/h,70km/h,90km/h 速度测试了路面/轮胎之间噪声,得出以下结论:

(1)构造深度与轮后噪声并不相关,摆值和轮后噪声的关系并不密切,轮侧噪声远大于轮后噪声。

(2)车速增加,轮后和轮侧噪声增加。

(3)50km/h 对应的噪声各频段内均小于 70km/h 对应噪声,70km/h 对应噪声在各频段内大致要小于 90km/h 时各频段内的噪声。随着车速的提高,噪声的高频部分逐渐出现。在低频段,70km/h 和 90km/h 对应的频段幅值比较接近,这表明轮胎振动引起的噪声主要和低频有关,而高频的噪声和风噪有关。

基于公路所研制的测试设备和成果,对山东、河北几个项目的同步薄层项目的噪声进行了测试,考虑到轮侧和轮后噪声和构造深度和摆值关联性不太,以及速度增加噪声随着增加的现实,故只测定车速在 60km/h 时别克轮胎和路面相互作用产生的噪声,试验结果见表 7-3。

噪声测试结果　　表 7-3

序　号	城　市	路　线	路面类型	噪声等级[dB(A)]	
				轮胎	60km/h
1	东营	冬青路	沥青路面 + STC-10	别克商务车	78.0
			原沥青路面	别克商务车	80.3
2	宣化	宣大高速公路	沥青路面 + STC-10 沥青路面 + STC-13	别克商务车	79.2(81.0) 78.9(81.0)
3	石家庄	京石高速公路	沥青路面 + STC-10 沥青路面 + STC-13	别克商务车	80.0(81.4) 80.6(81.4)

注:括号内为原有路面噪声。

从表 7-3 可以看出,同步施工沥青混凝土磨耗层确实可降低路面和轮胎作用的噪声,无论是轮侧还是轮后噪声,都比原有路面降低 1.4 ~ 2.3dB(A)。

7.5.7　同步薄层罩面降噪机理分析

同步薄层罩面路表面空隙率大,构造深度也大,表面存在大小不一的孔隙结构,很多孔隙直径与混凝土的集料的主要粒径大小差不多,轮胎与路面表面瞬间接触产生的高压高速气流,一部分进入孔隙结构内部并将其消化,一部分产生泵吸噪声,还有一部分由于多孔路面表面孔隙的存在,表面有较多的凹凸不平的结构,部分高速气流的能量经反射而消散,而不产生噪声。

同步薄层罩面混合料内部具有无数细微孔隙,孔隙间彼此贯通,且通过表面与外界相通。当声波入射到材料表面并在材料内部传播过程中,引起孔隙中的空气运动,进而发生能量转化,将部分声能转变为热能而耗散掉。由于声波会反复传播,因此能量会不断耗散,如此反复,直到平衡。在这个过程相当于材料就"吸收"了部分声能。同步薄层罩面存在许多连通的小孔,当轮胎滚动时被压缩的空气能够通畅地钻入路面内,而不是向周围排射,从而有效降低了噪声。

路表面层也可看作多空腔共振吸声结构,其吸声原理可由单腔共振吸声结构来解释。单腔共振吸声结构是一个中间封闭有一定体积的空腔,并通过有一定深度的小孔和声场空间相连。当孔的深度和孔径比声波波长小得多时,孔中的空气柱的弹性变形很小,可以看作一个无形变的质量块(质点),而封闭空腔的体积比孔径大得多,随声波作弹性振动,起着空气弹簧的作用。于是整个系统类似于弹簧振子,称为亥姆霍兹共振器。当外界入射声波频率和系统的固有频率相等时,孔径中的空气柱就由于共振而产生剧烈的振动。在振动中,空气柱和孔径侧壁摩擦而消耗声能，从而起到了吸声效果。

减振和降噪往往是密不可分的。从减振降噪的角度上看，沥青是一种阻尼材料，而同步施工沥青混凝土磨耗层由于粒径较小，相当于采用阻尼措施降噪。采取阻尼措施降低噪声的机理在于：

①沥青混凝土磨耗层集料的粒径较小，在一定程度上能减弱轮胎与路面的冲击强度和幅度，从而减弱了结构振动的强度。当汽车轮胎发生振动时，其振动能量迅速传递给路面面层上的阻尼材料，引起阻尼材料内部的摩擦和互相错动。由于阻尼材料的内损耗、内摩擦大，使相当部分的轮胎振动能量被损耗而变成热能耗散掉，减弱了轮胎和车体的振动。

②由于轮胎的冲击幅度的降低，缩短了结构被激振后的振动时间，也就降低了因振动辐射噪声的能量，从而达到了控制噪声的目的。

7.6 性能分析

(1)连续3年的观测结果表明，同步薄层罩面构造深度较大，横向力系数高，并可长时间维持在较高的水平，耐久性好，确保其抗滑能力。

(2)尽管铺筑厚度薄，在原有路面处理的的基础上，同步薄层罩面的平整度指标可满足国家标准。

(3)同步薄层罩面层可降低雨天行车的水雾，确保行车安全。

(4)介绍了噪声的表述方法，明确了交通噪声和路面轮胎噪声之间的差别，认为降低轮胎路面噪声是低噪声路面的必然选择。

(5)讨论了路面轮胎噪声的测量方法。试验路研究表明，噪声和摆值和噪声的关联度较差，速度增加，噪声必然增加。

(6)因测试轮胎不同，路面的噪声测量结果也不同，这会导致同样的路面对某种轮胎是静音的，而另一种轮胎却恰恰相反。这意味着路面噪声特性不是绝对指标，应使用不止一种轮胎来实施噪声测试，从而对路面噪声得出统计性的指标。

(7)国内外研究的结果均表明，同步薄层罩面可显著降低轮胎路面噪声，并对其机理进行了详细的阐述。

参 考 文 献

[1] R Gary Hicks, Stephen B. Seeds, David G. Peshkin. Selecting a Preventive Maintenance Treatment for Flexible Pavement. Report for Foundation for Pavement Preservation.

[2] FHWA, FP2. Pavement Preservation Research Problem Statements. Pavement preservation, State of the Practice(CD-Rom), 2001.

[3] FHWA. Insight into Pavement Preservation A compendium. Pavement preservation, State of the Practice(CD-Rom), 2001.

[4] 中华人民共和国行业标准. JTJ 073.2—2012 公路沥青路面养护技术规范[S]. 北京:人民交通出版社,2001.

[5] Monty Wade, Rachel DeSombre, David Peshkin. High Volume/High Speed Asphalt Roadway Preventive Maintenance Surface Treatment. USA SD DOT Final Report, 2001.12.

[6] AASHTO. Pavement Preservation in the United States, Survey by the Lead States Team on Pavement Preservation American Association of State Highway and Transportation Officials. Pavement preservation, State of the Practice(CD-Rom), 2001.

[7] Tommy L. Beatty, Dennis C. Jackson, et al. Pavement Preservation Technology in France, South Africa, and Australia. FHWA Report No. FHWA- PL-03-001, 2002.12.

[8] D G PESHKIN, T E HOERNER, K A ZIMMERMAN. Optimal Timing of Pavement Preventive Maintenance Treatment Applications. NCHRP REPORT 523, July. 2004.

[9] Campen W. H., J. R. Smith, L. G. Erickson, L. R. Mertz. The Relationship between Voids, Surface Area, Film Thickness, and Stability in Bituminous Paving Mixtures. Proceedings of the association of Asphalt Paving Technologists, Vol. 28, 1959.

[10] Materials Section 542.00-Preventive Maintenance.

[11] 中华人民共和国行业标准. JTG F40—2004 公路沥青路面施工技术规范[S]. 北京:人民交通出版社,2004.

[12] SHRP Lead State Team for Preventive Maintenance (SHRP Lead States), "Survey of States' Preventive Maintenance Needs." Submitted by attachment to the AASHTO Task Force on SHRP Implementation (1997).

[13] American Association of State Highway and Transportation Officials (AASHTO), "Pavement Preservation in the United States: Survey by the Lead States Team on Pavement Preservation." Web document available at: http://leadstates.transportation.org/pp/survey/survey_report.pdf (1999).

[14] Moulthrop J. S., R. G. Hicks. Pavement Maintenance: Preparing for the 21st Century. Conference Proceedings from the Ninth Maintenance Management Conference, Juneau,

Alaska (July 16-20, 2000). Transportation Research Board, Washington, DC (2001) 14 pp.

[15] Serfass J P, Bense P, Bonnot J, Samanos, J., "New Type of Ultrathin Friction Course," TRB, Transportation Research Record 1304, 1991.

[16] Serfass J. P., Bense, P., Samanos J., "Performance Assessment of Ultrathin Friction Courses," Paper presented at the 72nd Annual Meeting of the Transportation Research Board, Washington, D. C., January 10-14, 1993.

[17] Seshadri M., "Novachip Paving in Mississippi," Mississippi DOT Report No. MDOTRD-ADM001, August 1993.

[18] Estakhri C. K., Button J. W. "Evaluation of Ultrathin Friction Course," TRB, Transportation Research Board 1454, 1994.

[19] 2003 Standard Specifications for Construction, Section 508, Chip Seals, Michigan Department of Transportation, Lansing, 2003, 268 pp.

[20] A Basic Emulsion Manual, MS-19, 3rd ed., Asphalt Institute, Lexington, Ky., and the Asphalt Emulsion Manufacturers Association, Annapolis, Md., 1997, 120 pp.

[21] Abdul-Malak, M.-A. U., D. W. Fowler, A. H. Meyer, "Major Factors Explaining Performance Variability of Seal Coat Pavement Rehabilitation Overlays," Transportation Research Record 1338, Transportation Research Board, Asphalt Seal Coats, Technology Transfer, Washington State Department of Transportation, Olympia, 2003.

[22] Asphalt Surface Treatments—Construction Techniques, Educational Series No. 12 (ES-12), Asphalt Institute, Lexington, Ky., 1988, 28 pp.

[23] Asphalt Surface Treatments—Specifications, Educational Series No. 11 (ES-11), Asphalt Institute, Lexington, Ky., no date, 8 pp.

[24] Austroads Provisional Sprayed Seal Design Method, APT09-01, Austroads, Sydney, Australia, 2001, 46 pp.

[25] Beatty T L, et al. Pavement Preservation Technology in France, South Africa, and Australia, Report FHWA-PL-3-001, Office of International Programs, Federal Highway Administration, Washington, D. C., and American Trade Initiatives, Alexandria, Va., 2002, 56 pp.

[26] 常魁和,高群. 公路沥青路面养护新技术[M]. 北京:人民交通出版社,2001.

[27] 虎增福. 乳化沥青及稀浆封层技术[M]. 北京:人民交通出版社,2001.

[28] Comprehensive Report on Preventive Maintenance. New York State Department of Transportation, Albany, April 1992.

[29] 侯芸,郭忠印,田波,等. 动荷作用下沥青路面结构的变形响应分析[J]. 中国公路学报,2002,03.

[30] Vavrik W R, W J Pine, G A Huber, et al. The Bailey Method of Gradation Evaluation: The Influence of Aggregate Gradation and Packing Characteristics on Voids in the Mineral Aggregate. Journal of the Association of Asphalt Paving Technologists, Vol. 70, 2001.

[31] Vavrik W R, W J Pine, S H Carpenter. Aggregate Blending for Asphalt Mix Design: The Bailey Method. Presented at the 81st Annual Meeting of the Transportation Research Board, Washington, D. C. , 2002.

[32] Vavrik W R. Quality Control of Hot-Mix Asphalt: Controlling Aggregate Interlock Through The Bailey Method. In Proceedings of the 1st International Conference on Quality Control and Quality Assurance of Construction Materials, Dubai Municipality, United Arab Emirates, 2001.

[33] Vavrik W R. Asphalt Mixture Design Concepts to Develop Aggregate Interlock. Ph. D. thesis. University of Illinois at Urbana-ChaMPaign, 2000.

[34] Mavko G, T Mukerji,J. Dvorkin. The Rock Physics Handbook—Tools for Seismic Analysis in Porous Media. Cambridge University Press, Mass.

[35] Reed J S. Introduction to the Principles of Ceramic Processing. John Wiley & Sons, New York, 1988.

[36] Hinrichsen J A, J Heggen. Mininum Voilds in Mineral Aggregate in Hot-Mix Asphalt Based on Gradation and Volumetric Properties. In Transportation Research Record, No. 1545, TRB,National Research Council, Washington,D. C. ,1996,pp. 75-79.

[37] Anderson R M,H U Bahia. Evaluation and Selection of Aggregate Gradations for Asphalt Mixtures Using Superpave. In Transportation Research Record, No. 1583, TRB, National Research Council, Washington, D. C. , 1997, pp. 91-97.

[38] Kandhal P S, S Chakraborty. Evaluation of Voids in the Mineral Aggregate for HMA Paving Mixtures. NCAT Report 96-4. National Center for Asphalt Technology,March 1996.

[39] Kandhal P S,K Y Foo,R B Mallick. A Critical Review of VMA Requirements in Superpave. NCAT Report 98-1. National Center for Asphalt Technology,January 1998.

[40] Aschenbrener T. (1995). Evaluation of Hamburg Wheel Tracking Device to Predict Moisture Damage in Hot-Mix Asphalt. Transportation Research Record 1492. Washington D. C. : National Academy Press.

[41] Lu B,S Torquato. Nearest-Surface distribution functions for polydispersed particle system. Physical Review A,Vol. 45,8,1992,pp. 5530-5544.

[42] Torquato S. Random Heterogeneous Materials:Microstructure and Macroscopic Properties. Springer-Verlag,New York,2001.

[43] Garboczi E J,D Bentz. Multiscale Analytical /Numerical Theory of Diffusivity of Concrete. Advanced.

[44] Michigan Department of Transportation. Capital Preventive Maintenance Program Guidelines. 2000, 1.

[45] 张宗辉. 新一代的道路养护新技术——同步碎石封层技术[J]. 今日工程机械,2003,(12).

[46] 陈素丽,许福文,李桂芝. 同步碎石封层技术研究及在公路养护中的应用. 公路. 2005,6.

[47] 李荣华. 同步碎石封层技术进入中国. 中国公路,2003,(22).

[48] 孙祖望. 沥青路面养护技术的发展与展望. 筑路机械与施工机械化. 2004,21(1).

[49] 张新荣,焦生杰. 同步碎石封层技术及设备. 筑路机械与施工机械化. 2004,11.

[50] 张宗辉. 同步碎石封层技术在道路养护和建设中的应用前景. 施工设计. 2004,3.

[51] DOUGLAS GRANSBERG and DAVID M. B. JAMES NCHRP SYNTHESIS 342: Chip Seal Best Practices A Synthesis of Highway Practice Transportation Research Board WASHINGTON, D. C. 2005.

[52] Standard Specifications for Construction, Section 508, Chip Seals, Michigan Department of Transportation, Lansing, 2003.